AS LINGUAGENS DO AMOR DE DEUS

GARY CHAPMAN

AS LINGUAGENS DO AMOR DE DEUS

Como transformar seu relacionamento com o Criador

Traduzido por
SUSANA KLASSEN

Editora Mundo Cristão
São Paulo

Dados Internacionais de Catalogação na Publicação (CIP)
(Câmara Brasileira do Livro, SP, Brasil)

Chapman, Gary D., 1938–
As linguagens do amor de Deus / Gary Chapman; tradução de Susana Klassen – São Paulo: Mundo Cristão, 2003.

Título original: The love languages of God.

Bibliografia

ISBN 85-7325-297-9

1. Amor – Aspectos religiosos – Cristianismo
2. Deus – Amor I. Título.

03-2667 CDD-241.4

Índice para catálogo sistemático:
1. Amor: Virtude: Aspectos Religiosos: Cristianismo 241.4

Publicado originalmente pela Moody Press

Título Original em Inglês: The love languages of God.

Capa: Douglas Lucas

Revisão: Liege Maria de Souza Marucci
Daniel da Silva

Impressão: Imprensa da fé

Os textos das referências bíblicas foram extraídos da versão Almeida Revista e Atualizada, 2ª ed., salvo indicação específica.

A 1ª edição brasileira foi publicada em julho de 2003, com uma tiragem de 6.000 exemplares.

Associação Religiosa Editora Mundo Cristão
Rua Antônio Carlos Tacconi, 79 – CEP 04810-020 – São Paulo – SP – Brasil
Telefone: (11) 5668-1700 – Home page: www.mundocristao.com.br

Editora associada a:
- Associação Brasileira de Direitos Reprográficos
- Associação Brasileira de Editores Cristãos
- Câmara Brasileira do Livro
- Evangelical Christian Publishers Association

10 9 8 7 6 5 4 3 2 1 03 04 05 06 07 08 09 10 11

Gary Chapman

À minha irmã, Sandra Lane Benfield, que amava a Deus da maneira mais intensa que já vi, e que expressava esse amor servindo ao próximo.

Apesar de ser mais jovem que eu, passou à minha frente e alcançou antes de mim a linha de chegada.

Peço a Deus que meu amor seja tão evidente a todos quanto o dela.

Sumário

Agradecimentos

Seria impossível escrever este livro vivendo isolado numa ilha. Já que em todo lugar onde se vivencia o amor de Deus se faz de forma pessoal, íntima e transformadora, devo muito a várias pessoas que permitiram que eu entrasse na intimidade de seus encontros pessoais com Deus.

Sem essas informações, o livro seria apenas um tratado acadêmico. Na maioria das vezes, usei nomes fictícios, mas os indivíduos são reais, e suas histórias, um relato preciso daquilo que me contaram. Sou profundamente grato a todos.

Mais uma vez, contei com a ajuda técnica de minha secretária e auxiliar administrativa nestes últimos nove anos, Tricia Kube. Como sempre, recebi diversas sugestões proveitosas de Jim Vincent, editor da Northfield Publishing. Os membros do editorial, da produção e do *marketing* da Northfield não são apenas meus colegas de trabalho, mas também meus amigos. Minha profunda gratidão a todos eles.

Durante quarenta anos, minha esposa Karolyn tem sido minha maior fã. Em muitas ocasiões, senti o amor de Deus por meio de suas palavras de encorajamento. Minha única irmã, a quem esta obra é dedicada, faleceu durante o processo de redação do livro e, doze horas depois, minha esposa e eu recebemos a notícia de que havia nascido nosso primeiro neto. Karolyn caminhou comigo em meio às emoções que acompanham a morte e o nascimento. De fato, é melhor serem dois do que um.

À família de minha irmã – seu marido Reid e suas filhas Traci, Jill e Allison –, minha oração é que o amor de Deus, que ela experimentou e ofereceu com tanta liberalidade, transborde sobre vocês e sobre mim e que possamos ser tão fiéis quanto ela foi.

Introdução:

O relacionamento de amor

Susan era minha primeira cliente do dia e, quando ouvi sua história, tive vontade de chorar. O pai havia se suicidado quando ela tinha treze anos. O irmão havia sido morto no Vietnã. Há seis meses, o marido a havia abandonado por outra mulher. Morava, agora, com os dois filhos pequenos na casa da mãe. Tive vontade de chorar... mas os olhos de Susan eram alegres. Na verdade, ela estava vibrando, quase radiante.

Supondo que estivesse sublimando seu sofrimento, comentei:

— Você deve se sentir bastante rejeitada por seu marido.

— No começo, sim, mas percebi que meu marido não está fugindo de mim. Está fugindo de si mesmo. É um homem muito infeliz. Creio que ele achou que nosso casamento o faria feliz, mas você e eu sabemos que só Deus pode fazer uma pessoa verdadeiramente feliz.

Pensando que Susan talvez estivesse tentando espiritualizar sua dor, disse:

— Você já passou por muita coisa na vida: a morte de seu pai, de seu irmão, seu marido que foi embora. Como consegue ter uma fé tão firme?

— Por um único motivo — respondeu. — Sei que Deus me ama e, não importa o que aconteça, ele está sempre ao meu lado.

— Como pode ter tanta certeza? — perguntei.

— É algo pessoal. Toda manhã, entrego o dia ao Senhor e peço que me guie. Leio um capítulo da Bíblia e ouço o que o Senhor tem a me dizer. Deus e eu somos muito íntimos. É só assim que posso suportar todas essas coisas.

Às três da tarde, minha cliente era Regina. Seus pais haviam se casado e divorciado três vezes. Depois do divórcio, ela viu seu pai em apenas duas ocasiões: uma vez em sua formatura e outra no enterro de sua irmã mais nova. Sua irmã havia morrido num acidente de carro quando tinha vinte um anos. Regina havia se casado e se divorciado três vezes; seu casamento mais longo havia durado dois anos e meio. Encontrava-se em meu escritório pois estava pensado em casar-se pela quarta vez. Sua mãe havia pedido que ela conversasse comigo antes de se casar novamente.

— Não sei se devo fazer isso ou não — disse Regina. — Não quero envelhecer sozinha, mas tenho um bocado de experiência com casamentos. Sinto-me uma fracassada. Minha mãe vive me dizendo que Deus me ama e tem um plano para a minha vida. No momento, não sinto o amor de Deus e acho que devo ter deixado passar o tal plano. Nem estou bem certa de que Deus existe.

Duas mulheres, cada uma delas sofreu o suficiente para toda uma vida. Uma sente-se profundamente amada por Deus; a outra, completamente vazia. Por que algumas pessoas dizem experimentar o amor de Deus de modo mais íntimo, enquanto outras sentem-se tão distantes dele a ponto de nem saberem ao certo se existe um Deus? Creio que a resposta encontra-se na natureza do amor em si. O amor não é uma experiência solitária. Requer tanto alguém que ama quanto alguém que corresponda a esse amor. Se Deus é a expressão suprema de amor, então por que nem todas as suas criaturas se sentem amadas? Talvez porque estejam olhando para o lado errado.

Na maior parte das vezes, a busca pelo amor de Deus é influenciada pela cultura. Se nossa cultura diz: "Esse é o caminho para chegar a Deus", então nossa tendência é seguir nessa direção. No entanto, o amor é uma questão do coração, da alma, e não de ritual ou de religião. Estou convencido de que cada um de nós fala uma "linguagem do amor principal" e, quando ouvirmos Deus em nossa "linguagem do coração", experimentaremos seu amor de modo mais íntimo. Também estou convencido de que Deus fala nossa "linguagem do amor" fluentemente. Talvez possamos entender isso melhor ao analisar como o amor funciona nos relacionamentos humanos.

Ouvir a linguagem do amor

Em outros livros, tratei do problema de não ouvir o amor em nossa própria língua. Minha pesquisa clínica revelou que cada pessoa tem uma "linguagem do amor" diferente. Assim, se os pais não falam a principal linguagem do amor de um filho, o filho não se sente amado, independentemente de quão sinceros sejam os seus pais. O importante é aprender a principal linguagem de cada filho e usá-la com freqüência. O mesmo princípio aplica-se ao casamento. Se o marido não fala a linguagem do amor de sua esposa, ela não se sentirá amada – e sua necessidade de amor não será suprida.

As cinco linguagens do amor (publicado no Brasil pela Mundo Cristão, 1997, e que já foi traduzido para mais de vinte e cinco línguas) propõe em ajudar casais a comunicar o amor de forma eficaz. Posteriormente, trabalhei junto com o Dr. Ross Campbell para escrever *As cinco linguagens do amor das crianças* (Mundo Cristão, 2001). Esse livro ajuda os pais a fazer as mesmas descobertas e a aprender como amar seus filhos de modo mais eficaz. Mais recentemente, escrevi *As cinco linguagens do amor dos adolescentes* (Mundo Cristão, 2001) com o intuito de ajudar os pais a navegar pelas águas agitadas do processo de amar seus filhos durante os anos da adolescência.

Para os indivíduos que têm "vontade" de saber, esses livros podem oferecer o "conhecimento". No entanto, há um grande número de pessoas para as quais não basta ter o conhecimento. (Na verdade, todos nós nos encaixamos nessa categoria de tempos em tempos.) Sabemos o que fazer, mas não temos a "vontade" de fazê-lo. Ao ouvir sobre minhas idéias de comunicação entre os cônjuges por meio de sua principal linguagem do amor, um marido disse:

— De cara já vou dizendo que, se para minha esposa se sentir amada terei de lavar a louça, passar aspirador na casa e lavar a roupa para ela, pode esquecer.

Obviamente, o problema não era "conhecimento". Faltava-lhe a "vontade" de amar sua esposa.

O trágico é que aqueles que escolhem não amar nunca são pessoas felizes. Sua falta de amor fere não apenas a outra pessoa, mas também atrofia a própria alma daqueles que não amam. As pessoas que se recusam a amar vivem à beira do desespero. Passei um bocado de tempo da minha vida tentando ajudar pessoas que, como disse Oscar Hammerstein no musical *Show Boat* (Apresentação no barco), "estão cansadas de viver e com medo de morrer". O propósito deste livro é aproximar as pessoas de Deus de modo que possam experimentar seu amor ilimitado e, assim, amar a outros de modo mais eficaz. Desse modo, ajudamos as pessoas a ter gosto pela vida e paz quanto à morte.

Amar e ser amado

Amar e ser amado – o que poderia ser mais importante? Creio que a chave para aprender a amar e escolher fazê-lo está em ter como fonte o amor divino.

Este livro não tem a intenção de tratar de religião. Se um sistema religioso pudesse resolver o problema de uma sociedade sem amor, essa questão já teria sido solucionada. Este livro é uma tentativa de ajudar as pessoas a se relacionarem com "o Deus que existe" e não com os deuses que criamos. Escolhi não escrever na linguagem acadêmica da psicologia ou da teologia, mas na linguagem da pessoa comum, de modo que possamos ouvir a linguagem de Deus falada como a nossa "linguagem do coração".

Se você crê em Deus e gostaria de ser alguém que ama, então este livro é para você. Se você não crê em Deus, mas não se importa de passar um tempo com gente que crê, aceite um convite para participar desta viagem. Farei o máximo de esforço para respeitar suas crenças, enquanto compartilho minhas próprias convicções do modo mais claro possível.

Se somos criados à imagem de Deus e somos seus filhos, é de se esperar que nos ame. Além disso, seria natural tanto receber quanto retribuir esse amor. Essa realidade é ilustrada pelo relacionamento entre pais e filhos.

O estabelecimento da relação de amor dos pais

Para os pais, amar os filhos é tão natural quanto o ato de comer para a criança. Os pais amam, pois estão ligados a seus filhos. Num sentido bastante concreto, o filho é a criação dos pais e leva em seu corpo e espírito um pouco do pai e da mãe. Seria extremamente antinatural os pais não amarem seus próprios filhos. Creio que se pode dizer que o amor dos pais faz parte da natureza humana. Não é algo que nos esforçamos para alcançar. É parte de quem somos como seres humanos.

O amor dos pais por seus próprios filhos (e dos avós por seus próprio netos) é mais intenso do que o amor pelo filho dos vizinhos (ou pelos netos de nossos melhores amigos). No entanto, esse amor não é apenas uma ligação genética, pois pais e avós adotivos amam seus filhos e netos com a mesma intensidade. Existe uma ligação emocional e espiritual com as crianças que consideramos "nossos" filhos. Estamos dispostos a gastar tempo, energia e dinheiro com seu bem-estar. Desejamos que aprendam e que desenvolvam seu potencial. Queremos que realizem grandes coisas na vida. Estamos dispostos a dar muito de nós mesmos a fim de melhorar sua vida. Nós os amamos. Essa é a reação emocional normal dos pais para com os filhos e dos avós para com os netos.

O fato de o amor dos pais ser algo natural é ressaltado pela existência de poucos casos de pais e avós que não amam os filhos e os netos. A ausência de amor desses pais é tão antinatural que tais pessoas são consideradas fora do padrão aceitável. Todos concordam que pais assim precisam de assistência psicológica e espiritual. Amar os filhos é tão natural quanto amar a si mesmo, pois, na verdade, filhos são uma extensão de nós mesmos.

Reflexo do amor divino

Creio que o amor dos pais é um reflexo do amor divino. Aos olhos de Deus, somos seus filhos, e ele nos ama como nós amamos nossos próprios filhos. Uma enciclopédia descreve Deus como "o Ser Supremo, o Criador e Governante do Universo, Onisciente, Onipotente, Onipresente e Infinito" [1]. Ao longo da história da humanidade e em todas as raças e culturas, milhões de pessoas creram e crêem na existência de um Deus como esse. Os escritos hebraicos da antigüidade partiram do pressuposto de que um Deus todo-poderoso havia criado os céus e a Terra. Então, de modo ordenado, criou na Terra a flora e a fauna e, como ápice da criação, fez o homem à imagem do ser divino [2].

Se é verdade que o homem é feito à imagem de Deus, então é de se esperar que o amor de Deus pela humanidade esteja num patamar diferente do amor de Deus pelo resto da criação. Também é de se esperar que o homem seja capaz de retribuir o amor de Deus. As pesquisas revelam que não apenas o ser humano tem o potencial de corresponder ao amor de Deus, mas também, de fato, não se sente plenamente satisfeito até que tenha estabelecido um relacionamento de amor com Deus. Victor Frankl, um sobrevivente do nazismo em quatro campos de concentração, incluindo os da Checoslováquia e Auschwitz, nos faz recordar de que, no cerne da existência humana, está sua busca por significado. Santo Agostinho nos lembra que o homem não encontra o sentido supremo da vida até que reaja ao amor de Deus.

Um amigo meu, chamado Brian, estava fazendo turismo pela Rússia depois da queda do comunismo. Observou que aos domingos as igrejas ficavam lotadas. Sabendo que durante setenta anos a Rússia havia sido uma sociedade atéia e que toda uma geração foi ensinada a crer que Deus não existia, ficou curioso quando viu muitos jovens indo à igreja. Perguntou à sua guia, uma moça que havia trabalhado na KGB, se um grande número de pessoas começou a freqüentar as igrejas logo depois que o povo foi liberado para fazê-lo. Ela respondeu que não.

— No começo — disse ela —, iam só os mais velhos. Depois, os jovens começaram a ir também. Agora, todas as igrejas estão lotadas!

— Por que você acha que isso aconteceu? — perguntou Brian.

— No passado — respondeu a guia —, críamos que nossos líderes eram deuses. Agora sabemos que não é o caso. Descobrimos que homem é homem e Deus é Deus. Agora queremos saber mais sobre Deus.

Se, de fato, o homem é feito à imagem de Deus, essa resposta é o que poderíamos esperar. Apesar de todos os esforços do governo para eliminar a crença em Deus, o coração humano ainda anseia pelo amor do Pai.

Tal anseio reflete-se nos relacionamentos humanos. Em seu livro *Life without father (A vida sem pai)*, David Popenoe, professor de sociologia da Universidade Rutgers, apresenta provas substanciais de que todas as crianças anseiam não apenas pelo amor da mãe, mas também pelo do pai. Algo dentro da alma das crianças sabe que elas precisam de amor para ter segurança e felicidade. Quando esse amor não é sentido, a criança vive com um desejo insatisfeito. Os filhos querem amar e ser amados pelo pai e pela mãe. Popenoe acredita que a ausência desse relacionamento de amor é o pior malefício com que convivemos neste princípio do século XXI.

Restabelecimento da relação de amor

Da mesma forma, precisamos restabelecer o relacionamento de amor com Deus. Conhecer e amar a Deus deve ser nossa maior razão de ser; o resto é simplesmente música de fundo. Quando aprendermos a conhecer e a amar a Deus, teremos estabelecido o "relacionamento de amor".

O que espero fazer nos capítulos seguintes deste livro é compartilhar com o leitor o que aprendi sobre o amor ao longo de mais de trinta anos de casamento e de aconselhamento familiar. Creio que os relacionamentos de amor dos seres humanos refletem a natureza de Deus, que é amor. Se conseguirmos entender a dinâmica do amor humano, isso nos ajudará a compreender as expressões do amor divino.

Para isso, quero apresentar você a alguns amigos que encontrei ao longo de minha própria jornada. (Na maioria dos casos, usei apenas o primeiro nome – fictício –, e os detalhes das histórias foram alterados para preservar a privacidade deles.) Conheço alguns há muitos anos, outros, mais recentemente, porém todos estabeleceram o "relacionamento de amor" com Deus.

Capítulo um

Compreendendo as cinco linguagens do amor

Antes de conduzi-lo a uma jornada pela vida de meus amigos, deixe-me primeiro compartilhar o paradigma fundamental que ajudou muitos indivíduos a fazer conexões de amor em âmbito humano. Depois de mais de trinta anos aconselhando casais e famílias, estou convencido de que há apenas cinco linguagens básicas do amor. Há muitos dialetos, mas somente cinco linguagens básicas.

Cada um de nós tem uma linguagem do amor principal. Ou seja, uma das cinco linguagens do amor fala mais profundamente às nossas emoções do que as outras quatro. Quando alguém fala minha principal linguagem do amor, sinto-me atraído, pois tal pessoa vem ao encontro de minha necessidade básica de sentir-me amado. Quando uma pessoa não fala minha linguagem principal, me pergunto se ela de fato me ama, pois, no âmbito emocional, não compreendo o que essa pessoa diz.

O problema de muitos relacionamentos humanos é que você e eu falamos nossa própria linguagem do amor e ficamos imaginando por que a outra pessoa não entende. É a mesma coisa que eu falar inglês com alguém que só entende português e me perguntar por que a outra pessoa não entendeu minha mensagem. Os relacionamentos humanos tornam-se mais profundos e sólidos quando aprendemos a falar a linguagem do amor da outra pessoa.

Funciona. Milhares de casais têm histórias como a de Scott e Anna. Eles haviam viajado mais de seiscentos quilômetros de carro até Atlanta para participar de um seminário sobre as Linguagens do Amor. Depois da palestra de sexta-feira à noite, Scott disse:

— Dr. Chapman, queremos agradecer ao senhor por fazer nosso casamento mudar de rumo.

Não entendi. Haviam acabado de chegar no seminário que seria realizado ao longo do final de semana.

Percebendo por meu olhar que não entendi o que disse, ele prosseguiu:

— Sei que você não nos conhece, mas Deus usou o conceito de linguagens do amor para transformar nosso casamento. Estamos casados há trinta e três anos, mas, para ser bem honesto com você, os últimos vinte anos foram absolutamente horríveis. Vivía-mos na mesma casa e, exteriormente, éramos amigáveis um com o outro, mas era só. Para ter uma idéia da situação, há vinte anos não tirávamos férias juntos. Simplesmente não gostávamos da companhia um do outro. Há algum tempo, compartilhei minha aflição com um amigo. Ele foi para casa, voltou com o seu livro e me disse para lêlo. Ele achava que poderia me ajudar. Fui para casa e li. Terminei por volta das duas da madrugada. Balancei a cabeça e me perguntei: *Como não enxerguei isso antes?* Percebi imediatamente que, há anos, minha esposa e eu não falávamos a linguagem do amor um do outro. Dei o livro para ela ler e pedi que me contasse o que achava. Três ou quatro dias depois, nos sentamos e discutimos o livro. Nós dois concordamos que, se o tivéssemos lido vinte anos antes, nossa vida teria sido bem diferente. Perguntei a ela se achava que faria alguma diferença se tentássemos agora. Ela respondeu:

— Não temos nada a perder.

Linguagens que transformam

A essa altura, Anna entrou na conversa e disse:

— Não fazia idéia de que as coisas iriam, de fato, mudar entre nós. Ainda não consigo acreditar no que aconteceu. Agora, gostamos de ficar um com o outro. Dois meses atrás, tiramos nossas primeiras férias juntos e foi maravilhoso.

Durante a conversa, fiquei sabendo que a linguagem do amor de Scott eram as palavras de elogio e a de Anna eram os presentes. Não fazia parte da natureza de Scott dar presentes. Na verdade, significavam muito pouco para ele. Não se sentia excepcionalmente empolgado quando ganhava um presente e não se interessava muito em presentear outros. Anna, por sua vez, era uma mulher de poucas palavras. Não tinha o hábito de elogiar e admitiu que, muitas vezes, era crítica.

Foi preciso um bocado de esforço para que Scott aprendesse a comprar presentes. Na verdade, ele chamou sua irmã para ajudá-lo com esse projeto. Anna admitiu que, a princípio, pensou que aquilo não ia durar muito tempo. Haviam feito um acordo de falar a linguagem do amor um do outro pelo menos uma vez por semana durante três meses.

— Em dois meses, estava sentido ternura por Anna e ela por mim — disse Scott.

— Jamais imaginei que seria capaz de dizer a Scott "Eu te amo" com toda sinceridade, mas é o que estou fazendo. É incrível o quanto eu o amo! — disse Anna.

Quando um casal descobre a linguagem do amor um do outro e decide usá-la com freqüência, o amor emocional pode renascer.

Adultos solteiros também se beneficiaram da compressão das cinco linguagens do amor. Megan me escreveu do Japão.

Prezado Dr. Chapman,

Estou escrevendo para lhe dizer o quanto seu livro *As cinco linguagens do amor* foi importante para mim. Sei que você o escreveu para pessoas casadas, mas ganhei o livro de uma amiga e ele teve profundo impacto sobre minha vida. Estou no Japão lecionando inglês para estrangeiros. O principal motivo de eu ter vindo para cá foi o desejo de me afastar de minha mãe. Sentia que ela não me amava e que estava tentando controlar minha vida. Quando li seu livro, meus olhos se abriram. Percebi que minha linguagem do amor são as palavras de elogio, mas minha mãe só me dizia palavras críticas e ríspidas.

Também me dei conta de que a linguagem de minha mãe são os gestos de serviço. Ela sempre estava fazendo alguma coisa por mim. Mesmo depois de eu ter me mudado para o meu próprio apartamento, ela queria vir passar o aspirador para mim. Ela tricotou um suéter para o meu cachorro e sempre que sabia que eu teria visitas em casa, fazia bolachas. Uma vez que não me sentia amada por ela, considerava tudo isso tentativas suas de controlar minha vida. Agora vejo que era sua maneira de expressar amor por mim. Ela estava falando sua linguagem do amor, e agora sei que era sincera.

Enviei-lhe uma cópia do livro. Ela leu e, então, discutimos o texto por *e-mail*. Pedi perdão por ter interpretado incorretamente seus gestos ao longo dos anos. Depois, expliquei a ela que suas palavras críticas haviam me magoado profundamente, e ela me pediu perdão. Agora, seus *e-mails* são cheios de palavras positivas de incentivo, e eu me pego pensando em coisas que vou poder fazer por ela quando voltar para casa. Já lhe disse que, assim que voltar, vou pintar o quarto dela. Ela não pode fazer isso sozinha e nem pagar alguém pelo serviço. Sei que nosso relacionamento será diferente. Ajudei alguns alunos a melhorar seu inglês, mas minha maior descoberta foi a linguagem do amor.

Linguagens que transformam crianças e adolescentes

Os pais também devem aprender a linguagem do amor principal dos filhos para que se sintam amados. Aos trinta e três anos de idade, Marta era mãe de dois filhos pequenos, um de cinco anos e meio e outro de seis meses. De acordo com Marta, cerca de dois meses depois do nascimento do bebê, ela começou a notar uma mudança em Brent. Antes da chegada do irmão, havia sido "um filho perfeito".

— Nunca tivemos nenhum problema com ele. Contudo, quase da noite para o dia, começamos a observar comportamentos que não tínhamos visto antes.

A transformação de Brent

— Ele fazia coisas que sabia que eram erradas e, então, negava tudo. Vimos que era grosseiro de propósito quando estava com o bebê. Certa vez, peguei Brent puxando o cobertor por cima da cabeça do irmãozinho no berço. Ele começou a me desafiar. Lembro-me da vez em que disse: "Não vou fazer isso... e você não pode me obrigar".

Mais ou menos na mesma época dessas palavras agressivas de Brent, Marta começou a freqüentar um grupo de mulheres que estava estudando *As cinco linguagens do amor dos filhos*.

— Quando li o capítulo sobre tempo exclusivo, percebi o que estava acontecendo com Brent – disse Marta. — Jamais havia pensado nisso, mas entendi que o tempo exclusivo era a principal linguagem do amor dele. Antes da chegada do bebê, eu falava sua linguagem em alto e bom som, e ele se sentia amado. Depois que o irmão nasceu, não saímos mais para andar no parque, e nosso tempo juntos ficou bem mais curto. Ao entender isso, voltei para casa decidida a passar algum tempo especialmente com Brent. Em vez de cuidar do serviço da casa enquanto o bebê dormia, resolvi dedicar esses momentos a Brent.

— Foi incrível observar os resultados. Em quatro ou cinco dias, ele havia voltado a ser a criança alegre de sempre. Nem acreditei na rapidez com que mudou.

O anseio por amor é nossa necessidade emocional mais profunda, quer sejamos crianças, quer adultos. Se nos sentimos amados pelas pessoas importantes em nossa vida, o mundo parece mais alegre, e temos liberdade de desenvolver nossos interesses e de contribuir para esse mundo de maneira positiva. No entanto, se nosso reservatório de amor está vazio e não estamos nos sentindo amados pelas pessoas importantes de nossa vida, então o mundo começa a parecer um lugar escuro, e essa escuridão vai refletir-se em nosso comportamento.

A transformação de nossos adolescentes

Grande parte da violência entre os adolescentes de nossa sociedade tem origem no fato de estarem com seus reservatórios de amor vazios. Dentro do coração do adolescente, o amor está associado a *relacionamento, aceitação* e *cuidado*. O relacionamento requer a presença física dos pais e uma comunicação significativa. A aceitação implica em amor incondicional, independentemente do comportamento do adolescente, enquanto o cuidado consiste em alimentar o espírito do adolescente com encorajamento e consolo. O oposto de relacionamento é abandono. O oposto de aceitação é rejeição e o oposto de cuidado é abuso – físico ou verbal.

É quase certo que um adolescente que se sinta abandonado, rejeitado ou abusado sofra lutas com questões de auto-aceitação, de significado e de propósito de vida. Seu reservatório de amor estará vazio e, mais cedo ou mais tarde, a dor de não se sentir amado se manifestará comportamento destrutivo em seu.

Muitas vezes, o comportamento negativo muda de forma radical e rápida quando o adolescente sente-se verdadeiramente amado pelos pais. Falar as linguagens do amor de nossos adolescentes pode transformar nosso relacionamento com eles.

As cinco linguagens do amor

Deixe-me descrever rapidamente as cinco linguagens do amor para aqueles que não leram meus outros livros.

1. Palavras de elogio

Usar palavras para estimular o valor da outra pessoa é uma forma fundamental de expressar amor. "Você fica bem nesse vestido... Você fez um ótimo trabalho... Gostei de você ter continuado com isso até o fim...

Obrigado por limpar seu quarto... Fiquei contente que você levou o lixo para fora." Todas essas expressões são palavras de elogio. Aqui estão algumas outras: "Vi como você se esforçou para realizar esse projeto e quero que você saiba que valorizo sinceramente aquilo que fez... O jantar estava delicioso... Obrigado por ter trabalhado tanto".

Há milhares de formas de expressar apreciação por meio de palavras. Essas expressões devem ser direcionadas ao comportamento, à aparência física ou à personalidade do outro. As palavras podem ser faladas, escritas ou até mesmo cantadas. Para as pessoas cuja principal linguagem do amor consiste em expressões de incentivo, tais palavras são como uma chuva de primavera sobre o solo ressecado.

2. Tempo exclusivo

Dedicar tempo a alguém significa dar a essa pessoa nossa atenção exclusiva. Para uma criança pequena, é sentar-se com ela no chão e brincar de bola. Para um cônjuge, é sentar-se no sofá e olhar um para o outro enquanto conversam, ou fazer uma caminhada perto de casa, só vocês dois, ou ainda sair para comer fora, olhar-se nos olhos e conversar. É levar um adolescente para pescar, contar-lhe como era a vida quando você era adolescente e, depois, perguntar de que modo a vida dele é diferente da sua. Sua atenção está voltada para o adolescente, e não para a pescaria.

Para o adulto sozinho, tempo exclusivo é fazer um programa com um amigo em que vocês dois podem compartilhar a vida um do outro. O que importa não é a atividade, mas o fato de vocês terem tempo para ficar juntos. Quando você dedica seu tempo a alguém, está dando a essa pessoa uma parte de sua vida. É uma forma profunda de demonstrar amor.

3. Presentes

Dar presentes é uma expressão universal de amor. Os presentes dizem: "estava pensando em mim, veja só o que comprou". Crianças, adultos e adolescentes, todos gostam de presentes. Para algumas pessoas, os presentes são a principal linguagem do amor. Nada faz com que sintam-se mais amadas do que receber um presente.

Os presentes não precisam ser caros. Você pode pegar uma pedra colorida e de formato incomum durante uma caminhada, levá-la para casa e dá-la a um menino de dez anos de idade, dizer onde a encontrou e que estava pensando nele. É quase certo que, quando ele estiver com vinte e três anos de idade, ainda terá aquela pedra guardada na gaveta da cômoda.

4. Gestos de serviço

Como diz o ditado, "o que você faz fala mais alto do que o que você diz ". Isso é particularmente verdadeiro para pessoas cuja principal linguagem do amor consiste em gestos de serviço. Realizar algo que você sabe que a outra pessoa gostaria que você fizesse é uma expressão de amor. O mesmo vale para preparar uma refeição, lavar a louça, passar aspirador, cortar a grama, limpar a churrasqueira, dar banho no cachorro, pintar um quarto, lavar o carro, levar o filho ou filha para o treino de futebol, consertar o vestido de uma boneca e colocar a correia de volta na bicicleta. Essa lista não tem fim. A pessoa que fala essa linguagem do amor está sempre procurando coisas que pode fazer pelos outros.

Para a pessoa cuja principal linguagem do amor consiste em gestos de serviço, as palavras podem ser vazias se não forem acompanhadas de ações assim. O marido diz "eu te amo", e a esposa pensa: *se me amasse mesmo, faria alguma coisa aqui em casa.* É possível que ele esteja sendo sincero em suas palavras de elogio, mas não está tocando a esposa emocionalmente, pois a linguagem dela é de atitudes de serviço; sem isso, ela não se sentirá amada.

5. O toque físico

Conhecemos de longa data o poder do toque físico. É por isso que pegamos bebês no colo, segurando-os e apertando-os junto ao peito e dizendo uma porção de palavras tolas. Muito antes de a criança entender o significado do amor, ela se sente amada por meio do toque físico. Abraçar e beijar uma criança de seis anos quando vai para a escola pela manhã é uma forma de encher seu reservatório de amor e de prepará-la para um dia de aprendizado.

Se a principal linguagem do amor da criança é o toque físico, não há nada mais importante do que isso. O adolescente cuja principal linguagem do amor é o toque físico pode fugir dos seus abraços e beijos, mas isso não significa que não queira ser tocado. Associa beijos e abraços com a infância. Já não é mais uma criança. Assim, você deve aprender novos dialetos, novas formas de tocar seu adolescente. Um tapa no ombro, uma leve cotovelada num momento apropriado, uma "briga" no chão, fazer massagem nas costas depois do treino de algum esporte pode encher o reservatório de amor do adolescente.

O Objetivo: um reservatório de amor cheio

O elemento essencial para garantir que seu cônjuge, seus filhos ou seus pais sintam-se amados é descobrir sua principal linguagem do amor e usá-la constantemente. Se você utilizar a principal linguagem do amor de alguém, o reservatório de amor dessa pessoa estará sempre cheio, e ela terá certeza de seu amor. Depois, jogue uma pitada de cada uma das outras quatro linguagens como um "tempero especial". No entanto, se você não fala a principal linguagem do amor de alguém, ela não se sentirá amada o suficiente, mesmo que você esteja falando algumas das outras linguagens.

Qual é a linguagem do amor de Deus?

Voltemos agora para o tema deste livro: a linguagem do amor de Deus. Minha premissa é que as linguagens do amor observadas em relacionamentos humanos são um reflexo do amor divino. Se, de fato, o homem foi feito à imagem de Deus, então é de se esperar que encontremos as cinco linguagens do amor expressas no caráter e na natureza de Deus. Também tenho por premissa que Deus fala todas as linguagens do amor fluentemente, e que as pessoas tendem a ser atraídas para Deus de modo mais profundo quando sentem que ele está falando sua principal linguagem do amor.

Creio que essas premissas podem ser provadas tanto pela própria revelação de Deus encontrada nas Escrituras como pela experiência humana. Nas páginas seguintes, entraremos na vida particular de indivíduos contemporâneos e históricos que declararam ter um relacionamento de amor com Deus. Estudaremos a natureza desses relacionamentos. Ao fazê-lo, poderemos aprender como tornar nosso relacionamento de amor com Deus mais real e profundo.

Capítulo dois

A primeira linguagem do amor de Deus: Palavras de elogio

Cheguei atrasado na igreja. O período de louvor tinha terminado e já havia começado o sermão. O pastor Reuben ia ficando cada vez mais eloqüente, e sua congregação multicultural o incentivava com vigor.

— Isso mesmo, irmão Reuben — ouvi um senhor de idade gritar.

— Obrigada, Jesus —, disse uma senhora ao meu lado com as mão erguidas bem alto.

Havíamos viajado duas horas de carro no meio da neve, do aeroporto O'Hare em Chicago até essa igreja no centro da cidade. Encontrei um lugar bem atrás e procurei não chamar a atenção. O homem que foi me buscar no aeroporto contou-me a história daquela igreja.

— Quando o pastor Reuben chegou aqui – disse ele —, tínhamos apenas uns trinta membros. Agora são dois mil. A igreja estava morta, mas ele mostrou amor por nós. Ele sabe como motivar as pessoas e Deus o tem abençoado.

Ele contou-me sobre o ministério da igreja com os moradores de rua e sobre como haviam transformado um depósito, a três quadras da igreja, num abrigo que recebia mais de 150 pessoas toda noite. Falou também do centro de distribuição de alimentos.

— Vou lá três vezes por semana e ajudo a servir o almoço —, disse. — É a melhor parte da minha semana —. Contou-me ainda sobre o programa de recuperação para jovens viciados em drogas.

Uma mensagem sobre o amor

Sentado lá no fundo da igreja, estava pensando nisso tudo enquanto ouvia o pastor Reuben pregar. Ele tecia as palavras de modo fascinante. Ainda me lembro dos três pontos de seu sermão: 1. Deus conhece você. 2. Deus ama você. 3. Deus quer você. Ouvi enquanto ele passava pelo Antigo e pelo Novo Testamentos dando ilustrações de cada um dos pontos. Falou sobre os profetas hebreus como se fossem seus amigos. Citou trechos das Escrituras com desenvoltura.

— Ouçam as palavras de Deus para o Israel Antigo —, disse. — "Com amor eterno eu te amei, por isso com benignidade te atraí"[1]. Vocês acham que Deus amava Israel mais do que a você? Escutem só essas palavras sobre Jesus quando ele estava diante da morte: "sabendo Jesus que era chegada a sua hora de passar deste mundo para o Pai, tendo amado os seus que estavam no mundo, amou-os até ao fim"[2].

— Deus sempre amou seus filhos. Deus sempre vai amar seus filhos e quer que você também seja filho dele —, disse Reuben com profunda paixão.

Sentia-me cansado e sonolento, a igreja estava abafada, mas em nenhum momento cochilei enquanto ouvia esse artesão de palavras tão habilidoso defender o amor de Deus e chamar seus ouvintes ao "arrependimento e fé em Cristo". Enquanto ele fazia o apelo para que os pecadores fossem até Cristo, várias pessoas levantaram-se e encaminharam-se para a frente, abaixando a cabeça diante do altar, muitas delas chorando.

— Venha para casa, venha para casa – instava o pastor Reuben. — Deus o ama também e quer que você seja filho dele.

Depois da mensagem

O culto foi chegando ao fim, e Reuben me chamou à frente a fim de apresentar-me para a congregação. Tinha sido convidado para falar na noite seguinte num encontro para casais promovido pela igreja. Então, depois do culto, Patsy, a esposa de Reuben, me convidou para ir até a casa deles comer alguma coisa junto com o casal que estava dirigindo o encontro.

Depois de nos apresentarmos e quando estávamos nos sentido mais à vontade, disse a Patsy:

— Descreva seu marido para mim. Que tipo de homem ele é? (Tendo em vista que sou conselheiro conjugal, posso fazer esse tipo de pergunta sem que ninguém ache muito esquisito...)

— Bem, sem dúvida ele é do tipo romântico — ela respondeu. — Escreve poemas; às vezes, canta para mim. Faz discursos sobre como sou maravilhosa.

— Então, seu reservatório de amor deve estar bem cheio — disse eu.

— Aí é que está o problema. Li o seu livro e descobri que minha linguagem do amor é de gestos de serviço. Quero que ele lave a louça — respondeu ela, rindo. — Que passe o aspirador, leve o lixo para fora, me ajude com o serviço da casa. Sei que ele me ama, só que às vezes não me sinto amada. Em certas ocasiões, suas palavras me parecem vazias, como se ele só estivesse tentando me agradar. Sei que ele é sincero, mas preciso de outras coisas além de palavras.

Senti que a conversa havia se tornado um pouco mais profunda do que eu ou Reuben tínhamos em mente, de modo que disse à Patsy:

— Você parece minha esposa. Sua linguagem do amor também é de gestos de serviço. Levou um bocado de tempo para eu entender a ligação entre lavar a louça e expressar amor.

Ri e mudei de assunto. Reuben também estava rindo e, em menos de um minuto, já falávamos de esportes.

Na noite seguinte, depois do encontro de casais, Reuben me levou para o hotel depois de deixar Patsy em casa. No caminho ele disse:

— Você pôs minha cabeça para funcionar. Tenho uma ótima esposa. Somos casados há dezessete anos, mas não estou bem certo se tenho suprido suas necessidades emocionais. Esse conceito de linguagens do amor abriu meus olhos. Tomei o propósito de ler seu livro. Acho que preciso estudar esse assunto.

Fiquei impressionado com a sensibilidade e a franqueza de Reuben. Compartilhei um pouco mais sobre o meu próprio casamento e sobre como demorou para que eu descobrisse a linguagem do amor de minha esposa. Também compartilhei sobre como isso fez diferença no meu próprio casamento.

Pouco mais de um ano depois, encontrei-me novamente com Reuben num congresso nacional de pastores em Chicago. Ele correu em minha direção, me abraçou bem forte e disse:

— Só queria que você soubesse a grande diferença que fez no meu casamento e no meu ministério. Estou usando suas cinco linguagens do amor no aconselhamento pastoral e dando estudos sobre isso desde que você visitou nossa igreja. E Patsy falou que, se eu me encontrasse com você, era para lhe contar que estou lavando a louça.

Nós dois demos boas risadas e lhe perguntei se ele tinha algumas horas livres naquela tarde. Queria passar mais tempo com esse homem que havia causado um impacto tão forte em tantas vidas.

Como um pastor tornou-se pastor

Naquela tarde, entre outras coisas, pedi a Reuben que me contasse sobre sua experiência de conversão.

— Bem, é uma longa história — disse ele. — Quando eu era pequeno, minha mãe me levava para a igreja. O pastor era um senhor idoso que pregava com freqüência sobre o amor de Deus.

Lembro-me que ele dizia: "Deus continuará a amá-lo mesmo quando todos derem as costas para você". Ele falava sobre como Deus valorizava o indivíduo. Lembro-me que costumava dizer: "Todo mundo é importante aos olhos de Deus". Motivou-me a querer ser alguém. Minha mãe sempre quis que eu fizesse faculdade. Com o incentivo dela e do pastor, resolvi me dedicar com afinco nos últimos anos no colégio para conseguir entrar numa faculdade. Infelizmente, quando cheguei à faculdade, envolvi-me com a turma errada, e não demorou muito para que passasse mais tempo em festas do que estudando. Certa noite, quase no final de meu primeiro ano, fui a uma festa e bebi demais. Na manhã seguinte, quando acordei, estava deitado num campo das redondezas e não fazia a mínima idéia de como tinha ido parar lá. Sentei-me, esfreguei os olhos e ouvi o canto dos pássaros. Então, uma voz bem clara repetiu em minha mente as palavras do pastor: — Deus vai continuar amando vocês mesmo quando todos lhe derem as costas. Todo mundo é importante aos olhos de Deus.

— Comecei a chorar. Sabia que aquilo era verdade e que estava indo na direção errada. Chorei por um bom tempo antes de conseguir dizer alguma coisa. Então, disse a Deus: "Perdoa-me por agir como se não fosse nada diante dos teus olhos; sei que sou importante para o Senhor. Perdoa-me por abandonar o teu amor. Se me perdoares e entrares em minha vida, serei importante de verdade para ti". Foi como se meus olhos de repente se abrissem —, Reuben continuou. — Senti como se tivesse voltado para casa depois de uma longa viagem. Sabia que Deus havia me perdoado e que ele queria que eu falasse a outros do seu amor. Naquela manhã, sentado ali no meio do mato, fui salvo e chamado para o ministério de pregação. Naquele mesmo fim de semana, fui para casa e contei à minha mãe o que havia acontecido. Ela gritou pela casa toda, louvando ao Senhor, pois ele havia salvo seu menino. Ligou para o pastor e contou-lhe a meu respeito, e ele me convidou para falar às pessoas da igreja. Assim, no domingo seguinte, dei testemunho do que Deus havia feito em minha vida e falei da minha intenção de seguí-lo como pregador da Palavra. Desde então, tenho caminhado com ele. Mudei meu curso da faculdade para a área de comunicação. Enquanto estava estudando, pregava sempre que tinha oportunidade. Quando entrei para o seminário, uma pequena igreja me convidou para ser pastor. Assim, pastoreei enquanto estudava.

— Você gosta de pregar? — perguntei.

— Gosto mais de pregar do que de comer, e você sabe como pastores gostam de uma boa refeição — disse ele com um sorriso no rosto. — Quando estou pregando, sinto como se estivesse fazendo aquilo para o que fui criado. É minha forma de agradecer a Deus pelo que fez por mim. Sinto-me mais próximo de Deus quando prego.

Palavras de elogio

O que Reuben compartilhou comigo naquela tarde serviu de incentivo para a pesquisa que resultou neste livro. Obviamente, a principal linguagem do amor de Reuben consistia em palavras de elogio. Ele as pronunciava naturalmente, sem dificuldade, para sua esposa e, mais tarde, fiquei sabendo que suas palavras de elogio caracterizavam seu relacionamento com outras pessoas também. Em seu casamento, ele nem sempre se sentia amado por Patsy, pois ela com freqüência usava palavras de crítica pelo fato de ele não se oferecer para ajudá-la com o serviço da casa. Quando os dois aprenderam a principal linguagem do amor um do outro, Patsy começou a lhe dizer palavras de elogio, e ele começou a falar a linguagem do amor dela — atitudes de serviço. O clima emocional de seu casamento teve uma grande melhora.

Aquilo que vale para nosso relacionamento no âmbito humano também vale para nosso relacionamento com Deus. O que Deus usou para chegar até um calouro sem Cristo foi uma série de palavras de elogio. Reuben lembrou-se das palavras de seu pastor: "Deus vai continuar amando vocês mesmo quando todos lhe derem as costas. Todo mundo é importante aos olhos de Deus". Para seu coração, aquelas foram palavras vindas de Deus. Tocaram o mais íntimo de seu ser. Sabia que Deus o amava e que desejava relacionar-se com ele.

Assim que se "aproximou de Deus", seu primeiro desejo foi expressar seu amor a Deus. Para ele, a melhor forma de fazê-lo era por meio de palavras de elogio. Ele afirmava o amor de Deus para os outros mediante o poder da palavra falada.

Algumas pessoas — até mesmo alguns pastores — têm muita dificuldade de falar em público, mas esse não era o caso de Reuben; era sua principal linguagem do amor. Por isso, sentia-se mais próximo de Deus quando pregava. Por isso, para ele, pregar era uma forma de agradecer a Deus.

Reuben sabia que havia outras formas de expressar amor a Deus. Ele ensinou sua congregação que, quando ofertamos a Deus (o dízimo e as ofertas especiais, nosso tempo e habilidades para sua obra), estamos de dizendo: "Senhor, eu o amo", e que também demonstramos nosso amor a Deus ao servir outras pessoas. Deu ênfase à disciplina da meditação e da oração, quando dedicamos tempo a Deus. Ensinou também que tocamos o coração de Deus quando tocamos outras pessoas. No entanto, para ele, a expressão mais natural de seu amor a Deus era usar palavras, tanto para testemunhar sobre Deus como para encorajar a outros.

A experiência de Reuben com Deus foi única? De maneira alguma. A Bíblia está repleta de ilustrações a respeito de Deus falando a linguagem do amor usando palavras de elogio. Na verdade, a própria Bíblia é conhecida como "Palavra de Deus". Os livros proféticos do Antigo Testamento com freqüência começam com palavras como: "Veio a palavra do Senhor a... dizendo...". A expressão "veio a palavra do Senhor" é repetida com freqüência no livro de Jeremias. O Novo Testamento coloca nestes termos: "Toda a Escritura é inspirada por Deus e útil para o ensino, para a repreensão, para a correção, para a educação na justiça, a fim de que o homem de Deus seja perfeito e perfeitamente habilitado para toda boa obra". E também: "sabendo, primeiramente, isto: que nenhuma profecia da Escritura provém de particular elucidação; porque nunca jamais qualquer profecia foi dada por vontade humana; entretanto homens *santos* falaram da parte de Deus movidos pelo Espírito Santo"[3].

A Palavra de Deus e o valor do ser humano

No princípio...

Todas as palavras de Deus afirmam o valor do ser humano. O pensamento niilista moderno conclui que o homem não tem valor algum e que sua vida não tem nenhum sentido. Essa não é a mensagem das Escrituras. Lemos no primeiro capítulo da Bíblia: "Também disse Deus: Façamos o homem à nossa imagem, conforme a nossa semelhança; tenha ele domínio sobre os peixes do mar, sobre as aves dos céus, sobre os animais domésticos, sobre toda a terra e sobre todos os répteis que rastejam pela terra. Criou Deus, pois, o homem à sua imagem, à imagem de Deus o criou; homem e mulher os criou"[4]. Quaisquer que sejam os outros significados dessa passagem, ela coloca o homem acima dos animais e lhe confere a capacidade de ter um relacionamento com Deus.

O Novo Testamento afirma o valor do homem. Ao citar o salmista, o escritor de Hebreus disse que Deus fez o homem "um pouco, menor que os anjos" e "de glória e de honra o [coroou]"[5].

Conduzindo o homem para seu propósito mais elevado

Todos os mandamentos específicos de Deus tanto no Antigo quanto no Novo Testamento afirmam o valor do ser humano, têm origem no amor de Deus o conduzem o homem ao seu propósito mais elevado. Algumas pessoas rebelam-se contra os mandamentos de Deus e consideram-nos restritivos, mas essa não é a visão daqueles que conhecem a Deus. Eles crêem que as proibições de Deus têm por objetivo guardar-nos das coisas que nos destroem. Aceitam as palavras do profeta Isaías: "Assim diz o Senhor, o teu Redentor, o Santo de Israel: Eu sou o Senhor, o teu Deus, que te ensina o que é útil e te guia pelo caminho em que deves andar. Ah! Se tivesse dado ouvidos aos meus mandamentos! Então, seria a tua paz como um rio, e a tua justiça, como as ondas do mar"[6].

O Deus da Bíblia é caracterizado como o Deus que fala. Todas as palavras de Deus afirmam o valor do ser humano e têm o propósito de construir um relacionamento com o homem.

As palavras divinas de encorajamento

Leia as Escrituras e ouça as palavras de encorajamento que Deus dá ao ser humano:

- *"Não temas, porque eu sou contigo; não te assombres, porque eu sou o teu Deus: eu te fortaleço, e te ajudo, e te sustento com a minha destra fiel."*
- *"Eu é que sei que pensamentos que tenho a vosso respeito [...] pensamentos de paz, e não de mal, para vos dar o fim que desejais."*
- *"Com amor eterno eu te amei; por isso com benignidade te atraí."*
- *"[...] Tornarei o seu pranto em júbilo e os consolarei; transformarei em regozijo a sua tristeza."*[7]

As palavras de encorajamento de Jesus

As palavras de Jesus de Nazaré mostram seu papel em testemunhar de Deus e dar vida e esperança a todos que o receberem:

- *"Em verdade, em verdade vos digo: quem ouve a minha palavra e crê naquele que me enviou, tem a vida eterna, não entra em juízo, mas passou da morte para a vida."*
- *"Eu sou o pão da vida; o que vem a mim jamais terá fome; e o que crê em mim jamais terá sede."*
- *"De fato, a vontade de meu Pai é que todo homem que vir o Filho e nele crer tenha a vida eterna; e eu o ressuscitarei no último dia."*
- *"As minhas ovelhas ouvem a minha voz; eu as conheço, e elas me seguem. Eu lhes dou a vida eterna; jamais perecerão, e*

ninguém as arrebatará da minha mão. Aquilo que meu Pai me deu é maior do que tudo; e da mão do Pai ninguém pode arrebatar. Eu e o Pai somos um."

- *"E eis que venho sem demora, e comigo está o galardão que tenho para retribuir a cada um segundo as suas obras. Eu sou o Alfa e o Ômega, o Primeiro e o Último, o Princípio e o Fim [...] Aquele que tem sede venha, e quem quiser receba de graça a água da vida."*[8]

Jesus veio para mostrar o amor de Deus, entregando a si mesmo como sacrifício pelos delitos de todo homem e mulher. Jesus disse que era o Filho de Deus. Quem pode sondar a profundeza do amor de Jesus que, enquanto estava sendo crucificado, orou: "Pai, perdoa-lhes, porque não sabem o que fazem"[9]? As palavras de Jesus afirmaram claramente seu amor pela humanidade. Seu amor foi incondicional.

Ele expôs seu propósito claramente quando disse: "Eu sou a porta. Se alguém entrar por mim, será salvo [...]. O ladrão vem somente para roubar, matar e destruir; eu vim para que tenham vida e a tenham em abundância. Eu sou o bom pastor. O bom pastor dá a vida pelas ovelhas"[10].

Deus fala fluentemente a linguagem do amor das palavras de elogio e encorajamento. Do começo ao fim, a Bíblia retrata um Deus amoroso que declara seu amor ao falar palavras de verdade, de consolo e de redenção.

Respondendo com palavras de elogio

Martinho Lutero: *Palavras para sua esposa e para Deus*

Muitos indivíduos testemunham que seu "relacionamento com Deus" foi estimulado pela leitura da Bíblia. Um exemplo é Martinho Lutero, o jovem monge que procurou encontrar paz com Deus ao viver dentro do mais rígido asceticismo. Sentado sozinho em seu quarto, profundamente preocupado com seu relacionamento com Deus, Lutero abriu a Bíblia e começou a ler a epístola de Paulo aos romanos. Quando chegou em Romanos, capítulo 1, versículo 17, leu: "O justo viverá pela fé". Parou. Pensou. Então, uma alegria inexprimível inundou seu coração.

Antes disso, ele havia se empenhado com afinco em agradar a Deus por meio de uma vida de disciplina. Então, seus olhos foram abertos — compreendeu que a salvação era pela fé e não por obras. Essa palavra de Deus foi, para ele, como "a porta para o Paraíso". Daquele momento em diante, a vida de Martinho Lutero foi dedicada a ouvir as palavras de Deus. Para ele, a Bíblia era a Palavra de Deus. Por esse motivo, manifestou-se contra a igreja institucionalizada de sua época, que colocava mais ênfase na tradição e nos esforços religiosos do ser humano do que nas Escrituras. A súplica de Martinho Lutero era para que as pessoas se voltassem para a Palavra de Deus.

A principal linguagem do amor de Martinho Lutero parece ter sido a de palavras de elogio. Leia os relatos sobre a vida dele e, no âmbito humano, você o verá elogiando a beleza de sua esposa Katharine. A carta que escreveu para ela, datada de 27 de fevereiro de 1532, começava com estas palavras:

"À minha mui querida Katharine Luther, em mãos. Deus te saúde em Cristo, minha amada Katie! Espero [...] que possa voltar [para casa] amanhã ou depois. Peço a Deus que me conduza ao nosso lar em segurança". Para Hans, seu filho de seis anos de idade, escreveu: "Graça e paz em Cristo, meu querido filhinho. Foi com grande prazer que soube que você está se esforçando em seus estudos e também orando com diligência. Continue assim, meu filho, não pare"[11].

Na esfera espiritual, Martinho Lutero usou palavras para expressar sua devoção a Deus. Suas Noventa e Cinco Teses, cuidadosamente ponderadas, escritas e pregadas na porta da igreja de Wittenberg, na Alemanha, eram uma lista de crenças fundamentais que acenderiam o fogo da Reforma. Ele usou palavras poderosas — tanto acusando quando aprovando — ao escrever inúmeros hinos e comentários bíblicos, ao desenvolver um catecismo, ao traduzir a Bíblia do latim para o alemão e ao pregar milhares de sermões. As palavras eram o meio que usava para expressar sua devoção a Deus. Enquanto outros monges meditavam, Lutero falava ou escrevia. Seu hino mais conhecido, "Castelo forte", concentra-se no poder da Palavra de Deus. Na terceira estrofe, Lutero escreveu o seguinte:

Se nos quisessem devorar
Demônios não contados,
Não nos podiam assustar,
Nem somos derrotados.
O grande acusador
Dos servos do Senhor
Já condenado está;
Vencido cairá
Por uma só palavra.

O rei Davi: *Palavras de louvor*

Talvez Davi, o segundo rei de Israel, seja o melhor exemplo bíblico de um homem cuja principal linguagem do amor consistia em palavras de elogio. Em várias ocasiões Davi indicou quão profundamente ele foi tocado pelas palavras de Deus:

Quão doces são as tuas palavras ao meu paladar! Mais que o mel à minha boca. Por meio dos teus preceitos, consigo entendimento; por isso, detesto todo caminho de falsidade. Lâmpada para os meus pés é a tua palavra e, luz para os meus caminhos.

Os teus testemunhos, recebi-os por legado perpétuo, porque me constituem o prazer do coração.

[...] Na tua palavra, eu espero.

Alegro-me nas tuas promessas, como quem acha grandes despojos. Abomino e detesto a mentira; porém amo a tua lei. Sete vezes ao dia, eu te louvo pela justiça dos teus juízos. Grande paz têm os que amam a tua lei; para eles não há tropeço[12].

Em resposta ao amor divino, Davi usou palavras de elogio para expressar seu amor a Deus.

> *[...] Os que amam a tua salvação digam sempre: O Senhor seja magnificado!*
>
> *Louvarei com cânticos o nome de Deus, exaltá-lo-ei com ações de graças. Será isso muito mais agradável ao Senhor do que um boi ou um novilho com chifres e unhas.*
>
> *Quanto amo a tua lei! É a minha meditação, todo o dia! Os teus mandamentos me fazem mais sábio que os meus inimigos.*
>
> *Profira a minha boca louvores ao Senhor, e toda carne louve o seu santo nome, para todo o sempre.*
>
> *Aleluia! Louva, ó minha alma, ao Senhor. Louvarei ao Senhor durante a minha vida; cantarei louvores ao meu Deus, enquanto eu viver*[13].

Fica claro que o principal meio usado por Davi para expressar seu amor a Deus eram as palavras de louvor, de ações de graças e de adoração. Se você tem alguma dúvida quanto à principal linguagem do amor de Davi, leia o Salmo 18, no qual ele se refere-se ao fato de Deus tê-lo livrado de seus inimigos. Durante cinqüenta versículos, ele expressa seu amor a Deus em algumas das mais belas palavras já redigidas. Davi possuía apenas os cinco livros da Bíblia hebraica, chamados normalmente de Pentateuco ou de Torá, mas é evidente que ele os considerava palavras de Deus.

Ao falar das Escrituras, Davi diz: "Para sempre, ó Senhor, está firmada a tua palavra no céu [...] Conforme os teus juízos, assim tudo se mantém até hoje; porque ao teu dispor estão todas as coisas. Não fosse a tua lei ter sido meu prazer, há muito já teria eu perecido na minha angústia. Nunca me esquecerei dos teus preceitos, visto que por eles me tens dado vida"[14].

Davi considerava todas as palavras de Deus — leis, decretos, mandamentos, preceitos, testemunhos, estatutos e julgamentos —

expressões de quem Deus é. Tomava-as como verdades absolutas, tão certas quanto o próprio Deus. Davi baseou sua vida na palavra de Deus. De acordo com aquilo que podemos determinar, escreveu setenta e três dos Salmos que se encontram na Bíblia, muitos deles expressões de louvor e de ações de graças a Deus. Suas palavras estão entre as mais carregadas de emoção na literatura bíblica. Fica evidente que Davi expressou sua devoção a Deus por meio de palavras de elogio.

Sentindo-se perto de Deus

Para o meu amigo, pastor Reuben, para Martinho Lutero e para o rei Davi, Deus expressou seu amor em palavras, e sua principal resposta de amor a Deus também foi expressada em palavras. Também era o caso de Jason, um rapaz que encontrei em Riverside, Califórnia, que me disse:

— As palavras de elogio são minha linguagem do amor. Quando minha esposa começou a usar palavras de elogio, meu amor por ela tornou-se mais intenso.

Depois que já estávamos conversando há algum tempo, perguntei ao meu jovem amigo:

— Em que ocasião você se sente mais próximo de Deus?

Jason respondeu:

— Sinto-me mais próximo de Deus quando estou cantando louvores a ele ou quando estou orando. Minhas orações fluem com louvor e ações de graças a Deus, dizendo-lhe o quanto o amo.

Milhares de seguidores de Jesus em nossos dias identificam-se com Jason. O coração deles foi cativado pelas palavras de Deus e eles retribuem ao amor divino expressando-se por meio de palavras de louvor.

No entanto, as palavras de elogio não são a única linguagem do amor de Deus, e muitos cristãos da atualidade responderiam de outra maneira à pergunta que fiz a Jason. Seu método de adoração e de expressão de amor a Deus não se concentra em palavras, mas no tempo que dedicam a ele, e isso nos leva à segunda linguagem do amor.

Capítulo três

A segunda linguagem do amor de Deus: Tempo exclusivo

Depois de terminar minha palestra, na qual descrevi as cinco linguagem do amor e a importância de que as pessoas entendam e falem a principal linguagem do amor umas com as outras, Greta dirigiu-se apressada até onde eu estava. Apontando o dedo para meu rosto ela disse, empolgada:

— Precisamos conversar.

Greta havia apresentado sua palestra antes da minha — nós dois éramos preletores num congresso nacional de mulheres em Los Angeles. Não sabia sobre o que ela queria conversar, mas tendo ouvido sua palestra e observado seu espírito vigoroso, estava certo de que a conversa não seria entendiante. Concordamos em nos encontrar na tarde seguinte durante o "tempo livre" do congresso.

Quando nos encontramos, Greta foi diretamente ao assunto.

— Preciso comentar com você o que achei das palestras de ontem. É tão empolgante! Você sabe que minha palestra foi sobre a mulher e sua espiritualidade. Bem, depois de ouvir você falar, me ocorreu que Deus fala conosco em nossa principal linguagem do amor.

É por isso que algumas pessoas têm conversões dramáticas, cheias de emoções fortes.

— Por exemplo — continuou —, meu marido se converteu numa igreja que começou a freqüentar com um colega de trabalho. No segundo domingo em que foi ao culto, o amigo perguntou se ele gostaria de ir à frente da igreja para que algumas pessoas orassem por ele. Não querendo ofender o amigo, ele concordou. Vários homens reuniram-se ao redor dele e começaram a orar em voz alta ao mesmo tempo. Meu marido disse que jamais havia ouvido algo parecido. No entanto, em cinco minutos ele estava chorando incontrolavelmente e pedindo a Deus que o perdoasse. Disse que foi como se, de fato, Deus o tivesse tocado. Segundo ele, foi como se uma corrente elétrica percorresse todo seu corpo e, então, passou a sentir-se complemente purificado.

Ele chegou em casa e me contou o que havia acontecido, e eu não gostei nem um pouco. Para mim, era tudo emocionalismo religioso e não podia acreditar que ele havia se deixado envolver por algo desse tipo. Ele continuou a freqüentar aquela igreja e começou a trazer alguns livros para eu ler.

Minha própria conversão foi bem diferente da experiência de meu marido. Para mim, aconteceu depois de meses de reflexão, oração e leitura da Bíblia. Sabia que essa experiência espiritual era importante para meu marido e queria descobrir do que se tratava. Essa foi minha primeira motivação. No entanto, quando passei a ler as Escrituras, foi como se Deus tivesse começado a falar comigo. Percebi que aquilo que estava lendo era verdade e, por trás de tudo, havia um Deus que me amava. Em momento algum tive uma experiência dramática como a de meu marido, mas, aos poucos, comecei a saber que me tornava uma seguidora de Cristo.

Nove meses depois da conversão de seu marido, certa manhã, Greta estava fazendo sua leitura bíblica e meditação habituais. Ela se deparou com o texto de Apocalipse 3.20, em que Jesus diz: "Eis que estou à porta e bato; se alguém ouvir a minha voz, e abrir a porta, entrarei em sua casa, e cearei com ele e ele comigo".

— Ficou tão claro para mim que, ao longo de todos aqueles meses, Deus estivera batendo à porta de minha vida — foram as palavras de Greta. — Naquela manhã, eu disse ao Senhor: "Entra. Quero compartilhar contigo o resto de minha vida!" Não chorei nem fiquei eufórica. Foi um momento calmo e tranqüilo, no qual meu coração se abriu e permitiu que Deus entrasse em minha vida.

O que Greta aprendeu

— Agora posso ver tudo com muita nitidez. Deus usou a principal linguagem do amor de meu marido, o toque físico, e a minha principal linguagem do amor, o tempo exclusivo, e nos levou a compreender que ele nos amava — disse Greta. — Eu nunca entendi inteiramente a experiência dele. Meu marido, por sua vez, se pergunta como posso ser tão calma em meu relacionamento com Deus. No entanto, nós dois sabemos que somos seguidores de Cristo, pois o que vivenciamos teve efeito extremamente profundo sobre nossa vida.

Quase sem tomar fôlego, Greta disse:

— Agora, deixe-me contar o que mais concluí a respeito das palestras de ontem à noite (Evidentemente, Greta havia tido mesmo uma noite bem agitada, mas estava ansioso por ouvir). — Percebi que não apenas Deus fala nossa principal linguagem do amor para demonstrar seu amor por nós, mas que também nós falamos em nossa principal linguagem do amor para expressar nosso amor a Deus. Meu marido expressa seu amor a Deus ao cantar hinos de louvor na igreja. Ele ergue as duas mãos para Deus, com freqüência fecha os olhos e canta de todo o coração. Em certas ocasiões, vejo lágrimas correndo de seus olhos. É algo que mexe com suas emoções. Muitas vezes ele diz: "Senti a presença de Deus". Eu jamais faria isso — disse Greta. — Não é meu jeito de ser.

— Mas, então, de que modo você expressa o seu amor a Deus? — perguntei.

— Dedicando tempo a ele, é claro — disse ela. — Você não precisava ter me perguntado pois já sabia — ela disse com um sorriso. — Minha maior alegria é gastar tempo com Deus estudando as Escrituras. Posso passar a manhã inteira fazendo isso. Perco a noção do tempo. Meu marido, por outro lado, tem dificuldade em gastar mais do que dez minutos lendo a Bíblia ou um livro devocional. Ele prefere estar na igreja entoando cânticos de louvor e "sentindo a presença de Deus". Agora vejo que ele é tão sincero quanto eu. Só que falamos diferentes linguagem do amor com Deus!

O que Rod aprendeu

Quanto terminei minha conversa com Greta, sabia que ela havia dado forma à argumentação de um livro que certamente escreveria algum dia sobre as linguagem do amor de Deus. Dois anos depois, encontrei-me com Greta num congresso de casais. Ela me apresentou ao seu marido, Rod.

— Esse é o homem que me ensinou como amar você — ela disse ao marido. Rod ficou com uma expressão perplexa até que ela lhe explicou:

— Foi ele quem escreveu *As cinco linguagens do amor*.

Então, Rod abriu um sorriso.

— Nosso casamento passou por uma transformação — disse ele. — Foi difícil acreditar quando Greta voltou para casa e começou a se comunicar na minha linguagem do amor. Você ficará satisfeito em saber que saímos juntos uma vez por semana e todo dia reservamos quinze minutos de nosso tempo só para nós dois. Estou me certificando de que o reservatório de amor da Greta esteja sempre cheio.

Quando perguntei como o conceito de linguagens do amor havia afetado sua adoração a Deus, Rod disse:

— Bem, continuo erguendo as mãos em louvor a Deus e Greta continua com seu tempo de meditação.

Os dois riram e Greta disse:

— É verdade. Mas estamos dando liberdade um ao outro de expressar nosso amor a Deus de maneiras diferentes.

Tempo exclusivo com Deus ao longo dos anos

Com os patriarcas judeus e o Israel Antigo

A história bíblica e pós-bíblica revela muitas ilustrações do que Greta e Rod experimentaram com relação ao amor de Deus. As Escrituras do Antigo Testamento mostram Deus dedicando tempo a Adão e Eva. No frescor da noite conversavam e andavam juntos pelo jardim do Éden. Foi somente depois da queda que Adão e Eva se esconderam de Deus, sabendo que haviam traído o amor dele[1].

Mais tarde, Abraão é chamado "amigo de Deus". Ao que parece, Deus falava pessoalmente com Abraão com freqüência. Certa vez, quando Deus estava prestes a julgar uma cidade perversa na qual Ló, o sobrinho de Abraão morava, Deus disse: "Ocultarei a Abraão o que estou para fazer?"[2] Com efeito, Deus não escondeu essa informação de Abraão, mas sim conversou com ele, e Abraão procurou convencer Deus a não destruir os justos junto com os injustos. Em resumo, Deus concordou em não destruir a cidade, caso fosse possível encontrar dez pessoas justas morando lá. Quando Deus mandou seu julgamento, livrou o sobrinho de Abraão, Ló, ao tirá-lo da cidade antes que fosse destruída.

Os Salmos falam com freqüência do amor de Deus por suas criaturas e de seu desejo de aproximar-se delas e de dedicar-lhes tempo. "Justo é o Senhor em todos os seus caminhos, benigno em todas as suas obras. Perto está o Senhor de todos os que o invocam em verdade"[3]. Por intermédio do profeta Isaías, Deus falou de seu amor por Israel e prometeu que sua presença estaria com eles durante as dificuldades. "Não temas, porque eu te remi; chamei-te pelo teu nome, tu és meu. Quando passares pelas águas eu serei contigo; quando, pelos rios, eles não te submergirão; quando passares pelo fogo, não te queimarás, nem a chama arderá em ti"[4].

O salmista falou de um relacionamento íntimo de amor com Deus fundamentado na disposição, da parte do Senhor, em dedicar-lhe toda sua atenção: "Amo o Senhor, porque ele ouve a minha voz e as minhas súplicas. Porque inclinou para mim os seus ouvidos, invocá-lo-ei enquanto eu viver"[5]. O salmista desejava aproximar-se de Deus por causa da disposição divina de conversar com ele no momento de necessidade. No Novo Testamento, o apóstolo Tiago falou de um relacionamento semelhante com Deus quando disse: "Chegai-vos a Deus, e ele se chegará a vós outros"[6].

Na fé cristã

A idéia de que o Deus eterno deseja dedicar tempo às suas criaturas é um dos aspectos singulares da fé cristã. As divindades criadas pela engenhosidade da mente humana sempre foram distantes e indiferentes quanto à vida diária dos homens. Os deuses mitológicos da antigüidade greco-romana precisavam ser apaziguados ou temidos. Não existia a noção de relacionamento pessoal próximo com eles.

Jesus, por outro lado, falou que o desejo de toda a Trindade — Deus Pai, Filho e Espírito Santo – é habitar ou fazer seu lar com aquele que responde ao amor de Deus[7]. Jesus também prometeu que não deixaria seus seguidores órfãos, mas que estaria com eles para sempre. Na oração de Jesus ao seu Pai, quando falava do ministério aqui na Terra, disse: "Pai, a minha vontade é que onde eu estou, estejam também comigo os que me deste, para que vejam a minha glória que me conferiste, porque me amaste antes da fundação do mundo"[8]. Fica evidente que Jesus deseja ter tempo exclusivo com todos aqueles que responderam ao seu amor.

A dedicação de tempo exclusivo de Jesus

Jesus ilustrou o conceito de tempo exclusivo como expressão do amor de Deus com o seu próprio ministério aqui na Terra. Ele pregou às multidões, mas dedicou tempo a doze homens. Usando as palavras do Evangelho de Marcos: "Então, designou doze para estarem com ele"[9]. Mais tarde, ele instituiu os apóstolos para que dessem continuidade ao seu ministério. Jesus sabia que precisavam ter plena convicção do amor de Deus pela humanidade, a fim de estarem preparados para a tarefa que tinham à frente, de modo que dedicou a eles seu tempo

Falando a linguagem do amor do tempo exclusivo, Jesus concentrou sua atenção nesses doze homens. Não procurou tornar o *seu* ministério o mais *amplo* possível, mas sim o mais *profundo* possível. Queria que aqueles homens experimentassem o amor dele no maior grau de intensidade.

Usando uma expressão atual, Jesus "deu um tempo" e ficou com seus discípulos por três anos e meio. Eles compartilharam refeições, viagens, experiências e longas conversas. Ele ensinou as multidões por meio de parábolas, mas foi aos doze discípulos que deu as explicações mais completas das parábolas em resposta às perguntas deles. Obviamente, Jesus dedicou do seu tempo aos doze que ele escolheu para serem apóstolos.

Falando a linguagem do amor do tempo exclusivo

Duas irmãs

É claro que outras pessoas também passavam tempo com Jesus. Certa ocasião, ele e seus discípulos viajaram para o vilarejo de Betânia. Uma mulher chamada Marta convidou-os para se hospedarem em sua casa com ela e sua irmã, Maria.

Depois das saudações formais, Marta foi trabalhar na cozinha, preparando uma refeição para Jesus e os discípulos, enquanto Maria permaneceu sentada junto aos discípulos, absorta com os ensinamentos de Jesus. Marta se perturbou com o fato de sua irmã não estar ajudando a preparar a refeição. Ficou tão agitada que acabou entrando na sala, interrompendo Jesus e perguntando se ele poderia, por favor, incentivar sua irmã a ajudá-la.

Jesus não condenou Marta por sua diligência, como também não condenou Maria por dar-lhe sua total atenção. Jesus conhecia o coração das duas irmãs. Marta estava preocupada em fazer tudo com perfeição; seu espírito, porém, não era de amor, mais sim de desassossego. Na verdade, ela não estava se dedicando a desenvolver um relacionamento de amor com Jesus e trabalhava movida pelo senso de dever. Na minha opinião, a linguagem do amor de Marta era a de gestos de serviço e a de Maria, de tempo exclusivo, Ambas são expressões válidas de amor a Deus.

Nessa ocasião, porém, ao que parece, a atenção de Marta estava voltada para o ritual e não para o relacionamento. Ela colocou o desempenho acima da pessoa de Cristo. Ela estava fazendo o que lhe era natural — servindo —, mas não de coração. De maneira muito semelhante, aqueles cuja principal linguagem do amor consiste em palavras de elogio podem, muitas vezes, falar palavras religiosas vazias, sem qualquer consciência de amor a Deus. Todo amor genuíno a Deus flui de um coração que deseja verdadeiramente honrá-lo.

George Mueller

Além dos tempos de Jesus, a história está repleta de indivíduos cuja principal linguagem do amor foi a do tempo exclusivo, e expressaram amor a Deus gastando aquilo que, para outros, seria uma quantidade absurda de tempo em oração, em leitura da Bíblia e em meditação, bem como voltando total atenção a Deus. Uma dessas pessoas foi George Mueller. Nascido na Alemanha em 1805, aos vinte anos de idade ele se dedicou inteiramente a servir a Deus. Naquela época, era aluno de teologia na Universidade de Halle e, ao longo do tempo, viria a ser proficiente em seis línguas: latim, grego, hebraico, alemão, francês e inglês.

Desde o início de seu ministério, Mueller recusou-se a receber salários e a pedir contribuições para os trabalhos que começou. Ele acreditava que a fé em Deus e a confiança na oração iriam prover todas as suas necessidades. Seu ministério incluiu a distribuição gratuita de Bíblias e de outros livros cristãos, a fundação de escolas e de creches para crianças carentes e, mais notavelmente, de orfanatos que, em 1875, abrigavam, alimentavam e ensinavam mais de duas mil crianças inglesas. George Mueller mantinha esses orfanatos com dois propósitos. Em suas próprias palavras:

> Certamente desejava, de coração, ser usado por Deus para beneficiar o corpo das crianças pobres, privadas de ambos os pais, e procurar, em outros aspectos e com a ajuda de Deus, fazer-lhes o bem nesta vida. Também ansiava especialmente ser usado por Deus para ensinar a esses queridos órfãos o temor do Senhor; no entanto, o primeiro e maior objetivo do trabalho era, e ainda é, o de que Deus possa ser magnificado pelo fato de os órfãos que estão sob meus cuidados terem todas as suas necessidades supridas somente por meio da oração e da fé, sem que eu nem meus colegas de trabalho peçamos a ninguém, de modo que isso possa servir para mostrar como Deus ainda é fiel e ainda ouve as orações[10].

Mesmo antes de Mueller começar os orfanatos, seu estilo de vida era caracterizado por longos períodos de tempo exclusivo com Deus. Abaixo, encontram-se alguns trechos de seu diário:

- *18 de julho, 1832: "hoje passei a manhã numa saleta da igreja, em busca de um ambiente tranqüilo. Por causa da grande quantidade de compromissos, essa tem sido a única forma de me certificar de que terei tempo para orar, ler a palavra e meditar".*
- *19 de julho, 1832: "passei das 9h30 até às 13h na saleta da igreja. Tive verdadeira comunhão com o Senhor. O Senhor seja louvado, pois foi ele quem colocou em minha mente a idéia de usar tal saleta como lugar de retiro!"*
- *25 de junho, 1834: "nos últimos três dias, tive pouquíssima comunhão verdadeira com Deus e, assim, estou espiritualmente enfraquecido; em várias ocasiões, senti uma irritabilidade de temperamento".*

- *26 de junho, 1834: "pela graça de Deus pude acordar cedo e tive quase duas horas de oração antes do desjejum. Agora, nesta manhã, sinto-me mais reconfortado".*
- *29 de setembro, 1935: "na noite passada quando deixei os familiares para me retirar aos meus aposentos, tive o desejo de repousar imediatamente, pois havia orado pouco tempo antes; e sentindo-me fraco de corpo, o frio da noite foi uma tentação para que não orasse mais. No entanto, o Senhor me ajudou a colocar-me de joelhos; mal havia eu começado a orar e ele brilhou em minha alma, e deu-me tal espírito de oração como não havia desfrutado há muitas semanas. Com toda sua graça, mais uma vez, ele vivificou sua obra em meu coração. Deleitei-me na proximidade de Deus e no fervor da oração por mais de uma hora, pela qual minha alma ansiava há muitas semanas [...] Fui para a cama particularmente feliz e despertei esta manhã em grande paz, levantei-me mais cedo do que de costume e tive, novamente, por mais de uma hora, verdadeira comunhão com o Senhor antes do desjejum. Que ele, em sua misericórdia, possa dar continuidade a essa disposição do coração para o mais indigno dos seus filhos"*[11].

Para George Mueller, dedicar tempo a Deus era o centro de sua vida. Era nessas ocasiões que ele sentia profundamente a presença e a paz de Deus. Sem esse tempo exclusivo ao Senhor, experimentava uma sensação de distância entre ele e Deus (advertiu seus companheiros cristãos para o fato de que, "muitas vezes, a própria obra do Senhor pode ser uma tentação a nos impedir de ter com ele a comunhão tão essencial para o benefício de nossa alma").[12] Depois de ficar doente durante três meses e de não poder ministrar, Mueller escreveu, em 14 de janeiro de 1838: "hoje passei várias horas em oração; li de joelhos e orei durante duas horas sobre Salmo 63. Hoje Deus abençoou minha alma grandemente. Ela encontra-se, agora, num estado tal que deleito-me na vontade de Deus quanto à minha saúde"[13]. Fica claro que o tempo que Mueller dedicava a Deus não era ritualístico, mas sim profundo e pessoal. Afetou toda a sua vida e foi o cerne de seu relacionamento de amor com Deus.

No dia 7 de maio, de 1841 ele escreveu: "A coisa mais importante que precisava fazer era ler a Palavra de Deus e meditar nela; desse modo, meu coração poderia ser consolado, encorajado, advertido, reprovado, instruído; e, desse modo, por intermédio da Palavra de Deus, ao meditar nela, meu coração poderia ser conduzido à experiência real de comunhão com o Senhor"[14]. Essa "experiência real de comunhão com o Senhor" foi o que permitiu a Mueller realizar seu ministério.

Olhando em retrospectiva para a vida desse homem que viveu há mais de cem anos, muitos tendem a louvá-lo por seu trabalho com os órfãos e por fundar escolas para os pobres da Inglaterra. Os cristãos de hoje ficam encantados com o fato de que ele fez isso sem levantar fundos pedindo contribuições, algo tão comum aos empreendimentos filantrópicos de nossa geração. Para Mueller, porém, tudo isso era simplesmente uma conseqüência do tempo que ele dedicava a Deus. A comunhão com Deus era muito mais importante para ele do que o cuidado com os pobres. "É nisso que creio com toda firmeza", escreveu certa vez, "que ninguém deve esperar muitos resultados de sua labuta na palavra e na doutrina se tal pessoa não é muito dada à oração e à meditação"[15].

Apesar de sua vida ser caracterizada por gestos de serviço e por palavras de elogio para o benefício de outros, para Mueller, o tempo exclusivo era sua principal linguagem do amor. Ele a falava fluentemente ao desenvolver seu relacionamento de amor com Deus.

Dedicando tempo a Deus... para visão e energia

Para muitos indivíduos, tanto contemporâneos de Mueller quando aqueles que leram sobre sua vida e ministério nos anos que se seguiram, tais períodos prolongados de comunhão com Deus parecem incompreensíveis. Alguns dizem que ele era um "supersanto" compelido a agradar a Deus. Outros procuraram explicar o estilo de vida de Mueller concentrando-se na cultura em que ele vivia. Mais de cento e setenta e cinco anos atrás, a vida era bem mais simples. As pessoas tinham um ritmo menos acelerado do que hoje.

Apesar disso certamente ser verdade, Mueller foi um dos homens mais atarefados de sua geração. Imagine o tempo necessário para administrar diversos orfanatos em vários lugares e uma série de escolas para as crianças carentes das cidades. Evidentemente, as pressões de tempo que Mueller devia enfrentar eram tão grandes quanto as de qualquer administrador da atualidade. Ao que me parece, uma explicação melhor é a de que Mueller experimentava o amor de Deus de maneira mais profunda quando dedicava tempo ao Senhor. Era desse tempo que Mueller tirava não apenas sua visão, mas também sua energia. Durante esses períodos de contemplação, ele se concentrava em ouvir a voz de Deus por meio das Escrituras e revigorava suas forças, a fim de dar continuidade ao ministério para o qual havia sido chamado.

Quando a principal linguagem do amor de uma pessoa é o tempo exclusivo, períodos ininterruptos de comunhão com Deus não são penosos, mas sim prazerosos, não são fardos a carregar, mas sim momentos de alívio. Nas palavras de Mueller: "O primeiro e mais importante negócio do qual devo cuidar todos os dias é alegrar minha alma no Senhor. A primeira coisa com a qual devo me preocupar não é com a quantidade de serviço ao Senhor, nem com maneiras de glorificar o Senhor, mas sim com os meios de manter minha alma em estado de felicidade e com a alimentação de meu homem interior"[16].

Falando sua língua materna

Para Mueller e milhares para como ele, a dedicação de tempo exclusivo é sua língua materna. É a maneira mais natural que possuem de experimentar o amor de Deus e de retribuí-lo. Pouco tempo atrás, uma mulher me disse:

— Sinto-me tão próxima de Deus quando estou fazendo minha meditação diária com ele. É a parte mais importante do meu dia.

Quando deixo de ter esse tempo, meu dia todo parece vazio e não me sinto tão próxima de Deus. É durante esse tempo pessoal com ele que sinto seu amor. Sei que ele me ama mesmo quando não faço minha meditação, mas não sinto seu amor.

Isso não vale para todo mundo, mas certamente acontece com aqueles que têm como principal linguagem do amor o tempo exclusivo.

A limitação de espaço não permite o estudo mais detalhado de outros indivíduos cuja principal linguagem do amor é o tempo exclusivo, mas pelos menos quatro pessoas me vêm à mente: David Brainard, E. M. Bounds, Charles Finney e Praying Hyde[17].

Aqueles que procuram dedicar tempo a Deus descobrirão que ele está sempre pronto, esperando para se encontrar com eles. O tempo exclusivo é uma das maravilhosas linguagens do amor de Deus.

Capítulo quatro

A terceira linguagem do amor de Deus: Presentes

Muitos anos atrás, antes de ser construída uma rodovia interestadual nos Estados Unidos, ir do estado da Carolina do Norte para a cidade de Fort Worth, no Texas, era uma viagem longa. Havia escolhido pegar a "rota do Sul", pois queria passar por Longview, Texas. No verão anterior, havia lido a autobiografia de R. G. LeTourneau, *Mover of men and mountains* (Aquele que move homens e montanhas); desejava saber mais sobre esse gênio da engenharia, fabricante de escavadeiras que havia estruturado sua vida em torno de uma parceria singular com Deus.

Havia dirigido a noite toda e chegado aos arredores de Longview por volta das 9 horas da manhã. Quando parei para abastecer, perguntei ao frentista:

— Você sabe qual é o caminho para a fábrica de R. G. LeTourneau?

— Aquele crente ricaço maluco? — perguntou o frentista.

— Por que você diz isso? — retruquei.

— Porque ele dá 90% de tudo o que ganha. Para mim isso não faz o menor sentido.

R. G. LeTourneau não fazia sentido para uma porção de gente. Na década de 1920, em mais de uma ocasião, ele foi motivo de riso entre os engenheiros de alto nível. Completou apenas o ensino fundamental e jamais cursou engenharia. No entanto, nos anos 1960, era dele o privilégio de haver construído o maior equipamento de escavação do mundo. Sua filosofia era: "Não há grandes tarefas; apenas máquinas pequenas"[1]. Durante a Segunda Guerra Mundial, suas escavadeiras tornaram-se "armas secretas" no conflito. Depois dos combates, ele recebeu o décimo prêmio anual da Associação Nacional de Transporte de Defesa como a pessoa cuja "realização mais contribuiu para a eficiência da indústria de transportes no apoio à segurança nacional"[2].

Ele era um homem de sonhos e um gênio inventivo como nenhum outro engenheiro de sua época. Disse certa vez:

— Acho que foi bom eu nunca ter completado meus estudos, pois talvez eles acabassem me fazendo acreditar que minhas idéias não iriam funcionar.

Os segredos de seu sucesso

LeTourneau atribuiu todo seu sucesso a dois fatores. Em primeiro lugar, Deus havia lhe dado uma paixão por máquinas. Às vezes, ele chegava a temer que sua obsessão por máquinas o afastasse de seu amor a Deus. No entanto, quando ainda era jovem, compreendeu que "Era apenas um seguidor do Senhor e enquanto [...] não pensasse em agir com as próprias forças, estaria no caminho certo"[3].

Em segundo lugar, ele tomou a decisão consciente de fazer de Deus o seu sócio nos negócios. Tendo se debatido com a idéia de tornar-se missionário, ele foi desafiado pelas palavras de seu pastor:

— Deus precisa tanto de homens de negócio como de pregadores e missionários. Assim, no meio da Grande Depressão e com uma dívida de cem mil dólares, ele fez de Deus o seu sócio. Apesar de sua dívida enorme, naquele ano ele comprometeu-se a contribuir com cinco mil dólares para o trabalho missionário de sua igreja.

Na metade dos anos 1930, a pequena empresa de manufatura de R. G. LeTourneau estava começando a crescer. Ele havia pago sua dívida e, quando percebeu que seu lucro seria de meio milhão de dólares, disse à sua esposa, Evelyn:

— Precisamos fazer mais para o Senhor.

— Em que você está pensado?– perguntou Evelyn.

Ele explicou que, no Antigo Testamento, era exigido que as pessoas que dessem o dízimo de sua renda.

— Agora, não somos mais obrigados a dar nada a Deus — observou LeTourneau. — É tudo voluntário. Só que, quando você leva em consideração o que Deus fez por nós, devemos fazer mais por ele motivados pela gratidão do que o povo incrédulo era obrigado a fazer por causa da lei[4].

Evelyn e ele decidiram dar metade das ações da empresa para uma fundação. Posteriormente, concordaram em dar metade dos lucros anuais da empresa para a fundação e metade de sua renda pessoal para empreendimentos cristãos ao redor do mundo. Procurou seu advogado e disse:

— Quero que você organize uma fundação para nós. Ela beneficiará trabalhos religiosos, missionários e educacionais para a glória de Deus. Não conheço a legislação a respeito disso, mas quero que você faça as coisas de tal modo que os recursos da fundação jamais possam ser usados pela empresa nem para fins pessoais.

A reação do advogado?

— Acho que você está maluco, mas que novidade.... sempre foi assim[5] (quando o frentista me perguntou se estava me referindo ao "ricaço crente maluco", eu sabia que a idéia dele não era original).

A alegria de dar

Posteriormente, LeTourneau daria 90% das ações ordinárias de sua empresa à fundação e 90% de sua renda pessoal a causas cristãs ao redor do mundo. Seus muitos donativos custearam um acampamento cristão (em Winona Lake, Indiana), duas faculdades cristãs (em Toccoa, Georgia e em Longview, Texas) e dois projetos multimilionários de missões, um na Libéria e outro no Peru. Sua vida foi caracterizada pelo ato de dar. Sua maior alegria era retribuir a Deus pelo que ele lhe dava. Sua felicidade vinha da realização de coisas para Deus por meio de suas ofertas.

Em 1942, quando o lucro líquido da empresa chegou à marca de dois milhões de dólares pela primeira vez, ele refletiu sobre o começo de seu empreendimento, quando havia prometido cinco mil dólares para o fundo de missões mesmo tendo uma dívida de cem mil dólares. Certa vez lhe perguntaram :

— Você é mais feliz agora do que naquela época?

— Talvez mais grato — respondeu ele —, pois Deus nos permitiu ajudá-lo a realizar algumas das coisas que ele queria fazer naquele momento. Mais feliz? Estávamos servindo ao Senhor naquele tempo e estamos a seu serviço hoje também, e não há nada nesse tipo de felicidade que dois milhões em lucro líquido possam acrescentar nem comprar[6].

A obsessão de LeTourneau em contribuir causou estranheza em muitos de seus contemporâneos e talvez em alguns dos que leram este relato, mas não é estranha para aqueles cuja principal linguagem do amor consiste em presentes. Para LeTourneau, era a coisa mais lógica do mundo. Ele considerava sua vida toda como uma dádiva de Deus. Pode-se ver isso claramente ao ler sua biografia. Ele encarava seu fascínio por máquinas como um dom de Deus. À noite, depois do jantar, quando voltava à prancheta de desenho para criar um novo projeto para uma escavadeira gigantesca, ele nunca pensava nisso como trabalho, mas sim como uma oportunidade de "brincar com meus brinquedos gigantes". O tempo era encarado como uma dádiva de Deus a ser tratada com respeito e gratidão. Certa vez, LeTourneau disse:

— Se você desperdiçar dinheiro trabalhando para mim, não é nada muito grave. É algo que sempre posso compensar. Mas nunca desperdice meu tempo: ele não pode ser recuperado[7].

Quando era jovem, LeTourneau hesitava muito em falar em público, porém, mais tarde, passou a falar a centenas de milhares de pessoas. Suas palestras começavam sempre com a mesma apresentação:

— Sou apenas um mecânico abençoado por Deus, e como ele tem abençoado este pecador salvo pela graça!

A palavra *graça* é de origem grega e significa "favor imerecido". LeTourneau considerava-se objeto do favor imerecido de Deus. Via-se como alguém "salvo" de uma vida de atividades sem sentido para uma vida de produtividade em cooperação com seu sócio, Deus.

A "paz interior" que experimentou aos dezesseis anos de idade foi resultado da graça de Deus. Aqui está um relato de LeTourneau sobre o que ocorreu naquela noite: "Não fui atingido por um raio. Nem fui cercado por uma luz intensa que abriu meu entendimento. Simplesmente orei pedindo ao Senhor que me salvasse e, então, soube que a presença de Deus estava ali. Não foi dita uma só palavra. Não recebi mensagem alguma. No entanto, toda minha amargura foi retirada de mim e um alívio tão grande encheu meu coração que mal podia me conter. Corri para minha mãe e exclamei: 'estou salvo!'"[8]

Pelo fato de LeTourneau considerar seu relacionamento com Deus uma dádiva concedida a ele, também via seu dinheiro como um presente de Deus. Tinha uma profunda preocupação pelas pessoas do mundo todo. Quando se via diante de outras culturas, suas perguntas eram sempre as mesmas:

— O que eles têm para comer? Vivem confortavelmente? Têm certeza da vida eterna?

Em sua autobiografia ele observou: "Sei que nas matas da África e da América do Sul os avanços da ciência constituem uma teoria acadêmica interessante, mas, na prática boa comida, abrigo e a presença imediata de Cristo dão à vida toda a riqueza necessária, tanto aqui quanto no porvir. Creio que isso é verdadeiro em todos os lugares"[9]. Fica claro que os esforços missionários de LeTourneau eram expressões de seu amor pelas pessoas por causa de sua própria experiência com o amor de Deus.

Pode-se caracterizar a vida de LeTourneau como uma relação de amor com Deus. Ele descreveu isso da seguinte maneira:

> Descobri que Deus é amor, e o amor requer ser amado. Por isso ele nos fez com seus atributos e nos deu o poder de amar ou de odiar, de escolher entre Deus ou o mal e de dizer "eu vou" ou "eu não vou". Deus ama o pecador, mas odeia o pecado. Ele criou o Universo e todas as coisas vivas nele declarando que eram bons. No entanto, ainda não estava satisfeito. Disse: "Façamos o homem à nossa imagem e semelhança". Então, soprou-lhe nas narinas o fôlego da vida e o homem tornou-se alma vivente. Creio [...] que Deus queria uma criatura tão parecida com ele a ponto de sempre ter comunhão com ela.
>
> Tal privilégio de ter comunhão com o Senhor é uma recompensa que excede todo entendimento, mas Deus não pára por aí. Quando você passa a amá-lo e servi-lo, então tudo o mais lhe pertence, agora e para sempre. Creio que, quando eu já tiver terminado de fazer o que puder por Deus aqui na Terra, ele transformará este meu corpo "para ser igual ao corpo da sua glória" (Filipenses 3.21). Não porque fui bom demais, mas porque o Senhor Jesus Cristo foi bom o suficiente para morrer por mim e porque eu aceitei sua oferta de salvação e nasci de novo na família de Deus (João 3.16). Essa mesma oferta está à disposição de todos. É impossível fazer outra maior"[10].

Quando se compreende que R. G. LeTourneau considerava toda sua vida como uma expressão do amor de Deus por ele, então pode-se começar a entender por que ele dizia com freqüência: "A pergunta não é quanto dinheiro posso dar a Deus, mas sim quanto do dinheiro de Deus uso para mim"[11].

Deus, o grande presenteador

A percepção que LeTourneau tinha de Deus como o grande presenteador era, de fato, a do Deus que descobrimos no Antigo

Testamento hebraico e no Novo Testamento grego. O primeiro capítulo das Escrituras hebraicas diz:

> *Criou Deus, pois, o homem à sua imagem, à imagem de Deus o criou; homem e mulher os criou [...] E disse Deus ainda: Eis que vos tenho dado todas as ervas que dão semente e se acham na superfície de toda a terra e todas as árvores em que há fruto que dê semente; isso vos será para mantimento. E a todos os animais da terra, e a todas as aves dos céus, e a todos os répteis da terra, em que há fôlego de vida, toda erva verde lhes será para mantimento. E assim se fez. Viu Deus tudo quanto fizera, e eis que era muito bom*[12].

Compare esse retrato de Deus como presenteador na aurora da criação com as seguintes palavras do último capítulo da Bíblia, descrevendo a segunda vinda de Jesus Cristo no começo de uma nova era:

> *E eis que venho sem demora, e comigo está o galardão [...] Eu sou o Alfa e o Ômega, o Primeiro e o Último, o Princípio e o Fim. Bem-aventurados aqueles que lavam as suas vestiduras no sangue do Cordeiro, para que lhes assista o direito à árvore da vida, e entrem na cidade pelas portas...*
>
> *Eu sou a Raiz e a Geração de Davi, a brilhante Estrela da manhã.*
>
> *O Espírito e a noiva dizem: Vem! Aquele que ouve diga: Vem! Aquele que tem sede venha, e quem quiser receba de graça a água da vida*[13].

Ao longo das Escrituras, Deus se revela como presenteador. Moisés, a quem Deus usou para livrar Israel da escravidão do Egito, disse sobre Deus: "ele te amará, e te abençoará, e te fará multiplicar; também abençoará os teus filhos, e o fruto da tua terra, e o teu cereal, e o teu vinho, e o teu azeite, e as crias das tuas vacas e das tuas ovelhas, na terra que, sob juramento a teus pais, prometeu dar-te"[14].

Evidentemente, Deus havia estabelecido um relacionamento de amor com o Israel Antigo. Proveu-lhes diretrizes para uma vida significativa e produtiva. Ao seguir tais orientações divinas, eles estariam expressando sua confiança e amor por Jeová. Ele, por sua vez, iria cobri-los de dádivas de amor. A relação pactual recíproca com Deus é retratada nas seguintes palavras de Moisés: "Se diligentemente obedecerdes a meus mandamentos que hoje vos ordeno, de amar ao Senhor, vosso Deus, e de o servir de todo o vosso coração e de toda a vossa alma, darei as chuvas da vossa terra a seu tempo, as primeiras e as últimas, para que recolhais o vosso grão, e o vosso vinho, e o vosso azeite. Darei erva no vosso campo aos vossos gados, e comereis e vos fartareis"[15].

Um amor recíproco e pessoal

O relacionamento de amor recíproco expresso por meio do ato de presentear também pode ser observado em âmbito pessoal. Deus expressou seu amor por Salomão, o jovem rei de Israel, ao dizer: "Pede-me o que queres que eu te dê". A história hebraica registra que Deus deu muito mais do que Salomão pediu:

"Agora, pois, ó Senhor, meu Deus, tu fizeste reinar teu servo em lugar de Davi, meu pai; não passo de uma criança, não sei como conduzir-me [...] Dá, pois, ao teu servo coração compreensivo para julgar a teu povo para que prudentemente discirna entre o bem e o mal; pois quem poderia julgar a este grande povo?"

Deus, o grande presenteador, respondeu: "Já que pediste esta coisa e não pediste longevidade, nem riquezas, nem a morte de teus inimigos; mas pediste entendimento, para discernires o que é justo; eis que faço segundo as tuas palavras: dou-te coração sábio e inteligente, de maneira que antes de ti não houve teu igual, nem depois de ti o haverá. Também até o que não me pediste eu te dou, tanto riquezas como glória; que não haja teu igual entre os reis, por todos os teus dias"[16].

Muitos dos cânticos hebreus captaram essa imagem de Deus como o grande presenteador; é o caso do Salmo 5.12: "Pois tu,

Senhor, abençoas o justo, e, como escudo, o cercas da tua benevolência".

Presentes para aqueles que o amam

O Novo Testamento continua pintando o retrato do Deus de amor que livremente concede dádivas àqueles que o amam. Muitos concordam que a mensagem da Bíblia pode ser resumida em um versículo, a saber, João 3.16: "Porque Deus amou ao mundo de tal maneira que deu o seu Filho unigênito, para que todo o que nele crê não pereça, mas tenha a vida eterna".

O que muitos não entenderam é que essas palavras foram ditas por Jesus. Ele estava se identificando com o Filho unigênito de Deus e proclamando sua missão na Terra. Jesus prosseguiu dizendo: "Porquanto Deus enviou seu Filho ao mundo, não para que julgasse o mundo, mas para que o mundo fosse salvo por ele [...] O Pai ama ao Filho, e todas as coisas tem confiado às suas mãos. Por isso, quem crê no Filho tem a vida eterna; o que, todavia, se mantém rebelde contra o Filho não verá a vida, mas sobre ele permanece a ira de Deus"[17].

Presentes prometidos por Jesus

Os ensinamentos de Jesus foram permeados pelo conceito de que Deus deseja dar boas dádivas àqueles que o amam. Antes de Jesus ser preso em Jerusalém, disse a seus seguidores: "Um pouco, e não mais me vereis [...] Vou para o Pai [...] Em verdade, em verdade eu vos digo que chorareis e vos lamentareis e o mundo se alegrará; vós ficareis tristes, mas a vossa tristeza se converterá em alegria"[18].

A mensagem era clara. Jesus iria morrer e depois de sua ressurreição voltaria para o Pai, onde estava antes de nascer como um bebê em Belém. No entanto, queria que seus seguidores soubessem que Deus continuaria a lhes dar boas dádivas. Disse: "Naquele dia, nada me perguntareis. Em verdade, em verdade vos digo: se pedirdes alguma coisa ao pai, ele vô-la concederá em meu nome [...] pedi, e recebereis, para que a vossa alegria seja completa"[19].

Presentes declarados pelos apóstolos

Boa parte do Novo Testamento foi escrita por Saulo de Tarso, um judeu zeloso de educação esmerada que, em sua juventude, tentou eliminar todos os que seguiam a Cristo. Ele se entregou com sinceridade à tarefa de erradicar aquilo que considerava ser uma transgressão à fé judaica. Contudo, depois de sua conversão a Cristo, tornou-se um apóstolo fervoroso — primeiro para os judeus e depois para os gentios — proclamando que Jesus era, de fato, o Messias sobre o qual haviam profetizado os profetas de Israel, e que nele se encontrava a dádiva da vida eterna.

A mensagem de Paulo refletia o relacionamento pactual de amor entre Deus e suas criaturas. Certa ocasião, Paulo disse: "Sede, pois, imitadores de Deus, como filhos amados; e andai em amor, como também Cristo nos amou e se entregou a si mesmo por nós, como oferta e sacrifício a Deus em aroma suave"[20].

Outros dois apóstolos consideravam Deus o grande presenteador. O apóstolo Tiago escreveu: "Toda boa dádiva e todo dom perfeito são lá do alto, descendo do Pai das luzes, em quem não pode existir variação ou sombra de mudança". João observou: "Vede que grande amor nos tem concedido o Pai, ao ponto de sermos chamados filhos de Deus". Talvez o maior presente de Deus seja nossa transformação em Cristo quando ele voltar. "Amados, agora, somos filhos de Deus, e ainda não se manifestou o que havemos de ser. Sabemos que, quando ele se manifestar, seremos semelhantes a ele"[21].

Ao longo da história humana, Deus tem se revelado como aquele que ama os que o reconhecem. Ele, por sua vez, expressa seu amor através de dádivas. Muitas vezes, esses presentes são coisas materiais, que podem ser tocadas e saboreadas, tais como comida, roupas e abrigo. Em outras ocasiões, seus presentes procedem da esfera espiritual — a dádiva da vida eterna, o perdão dos pecados, paz de espírito e propósito para a vida.

Dentre os presentes espirituais, há aqueles que foram dados à igreja do primeiro século, especialmente os primeiros dons de liderança — "uns para apóstolos [...] profetas [...] evangelistas [...]

pastores e mestres". Esses presentes à igreja tinham a finalidade de preparar o povo de Deus para que a obra de Cristo na Terra pudesse continuar[22].

Desde aqueles primeiros dias da fé cristã, todo crente em Cristo recebe "dons espirituais" diferentes, aptidões para realizar certas tarefas dentro do corpo de Cristo. Esses dons incluem coisas como sabedoria, conhecimento, fé, dom de cura, profecia, discernimento de espíritos e capacidade de liderança. Tais dons são dados por Deus para um "fim proveitoso"[23]. Por dois mil anos, esses diversos dons estão permitindo aos seguidores de Cristo dar continuidade ao trabalho dele.

Aqueles que falam a linguagem do amor dos presentes

O tema de Deus como presenteador está entrelaçado à história hebraica e cristã. Para os que têm nos presentes a principal linguagem do amor, esse aspecto da natureza de Deus pode ser logo evocado. Quando pensam em Deus, vêem-no como aquele que dá boas dádivas.

Conheça Mônica

Quando vi Mônica pela primeira vez, ela estava com vinte e seis anos de idade. Participou de um de meus seminários e, numa manhã de sábado, me trouxe um presente. Era um pão caseiro fresquinho. Ao longo de nossa conversa, ela disse:

— Há três anos eu não era cristã. Meus pais me mandavam para a igreja quando eu era criança, mas meu pai era alcoólatra e minha mãe uma pessoa muito exigente. Quanto tinha dezesseis anos, fugi de casa e nunca mais voltei. Levei a minha vida fazendo o que bem entendia. Pelo fato de meus pais dizerem que eram cristãos, sabia que não desejava nem chegar perto da igreja ou de Deus.

Durante sete anos ela dedicou sua vida a buscar o prazer por meio do sexo, do álcool e, a certa altura, do uso de drogas pesadas. Não havia felicidade alguma nessas coisas, e ela terminou num centro de tratamento para drogadas dirigido pelo Ministério Desafio Jovem.

— Foi lá que ouvi pela primeira vez que Deus me amava — disse Mônica. — Fiquei sabendo que, pelo fato de Jesus ter pago o preço por meus pecados ao morrer na cruz, Deus me perdoaria e me daria o presente da vida eterna. A princípio, não pude crer no que estava ouvindo. Pensava em Deus como um juiz que exigia perfeição e que amaldiçoava aqueles que não obedeciam suas leis. Jamais imaginei Deus como alguém que me amava e que desejava me conceder alguma coisa. Nem passava pela minha cabeça que ele era capaz de perdoar todas as coisas que eu havia feito, de me aceitar como parte de sua família e de me deixar viver para sempre com ele no céu. Era bom demais para ser verdade. Resisti à idéia durante várias semanas.

— Ao ler a Bíblia sozinha, certa noite, clamei a Deus e disse: "Se é verdade que o Senhor me ama, então peço que me perdoe e convido o Senhor a entrar em minha vida. Se pode mesmo me purificar, me libertar do vício das drogas e me dar o presente da vida eterna, então estou disposta a aceitar seu amor". Naquela noite, minha vida mudou e sei que jamais será a mesma.

Mônica completou o programa de reabilitação e o Ministério Desafio Jovem encaminhou-a para um grupo de cristãos que, por sua vez, convidaram-na para morar com eles. Ela conheceu pessoas se preocupavam de verdade umas com as outras.

— Duas semanas depois — contou Mônica —, fizeram para mim a primeira festa de aniversário que tive desde os meus doze anos de idade. Era gente como eu, que também havia sido viciada, que aceitou o amor de Deus e que agora dividia o amor dele com outros.

Foi lá que conheceu Bill; eles se apaixonaram e casaram-se um ano antes do seminário em que nos encontramos. Conforme ela explicou:

— Pelo fato de Deus ter me dado tanta coisa, meu ministério é fazer pães e distribuí-los a outros. Eu asso vinte pães toda semana e os distribuo para pessoas que Deus coloca em minha vida.

Abracei Mônica e Bill, agradeci a Deus por suas dádivas a eles e então orei pedindo sua bênção sobre o casamento deles.

Mônica é um exemplo vivo de que Deus fala a linguagem do amor dos presentes.

Ao longo da história, milhares de indivíduos cuja principal linguagem do amor consiste em dar presentes aproximaram-se de Deus, pois ele se mostra não como um juiz para condenar, mas como um Pai que deseja dar perdão e vida eterna àqueles que receberem seu amor.

O pastor de Maria

Quando os presentes são a principal linguagem do amor de uma pessoa, ela tende a expressar amor a Deus quando presenteia alguém. Lembro-me de Maria, uma jovem esposa que morava na Califórnia e que me disse:

— Quando li o seu livro *As cinco linguagens do amor*, senti-me especialmente atraída pelo capítulo sobre presentes, pois essa é minha principal linguagem do amor. Comecei a pensar em outras pessoas cuja linguagem do amor poderia ser a dos presentes.

Foi interessante observar os nomes que me vieram à mente. Lembro-me do pastor da primeira igreja que freqüentamos quando nos mudamos para a Califórnia. Sem dúvida alguma, ele falava a linguagem do amor dos presentes. No primeiro ano em que chegamos na igreja, ele nos deu um piano. Estava sempre levando verduras para nossa casa, algumas vezes das que ganhava de outras pessoas. Estava sempre perguntando: "Do que vocês precisam?" Parecia que nunca havia dado o suficiente.

Sabia que sua linguagem do amor era dos presentes e que nós éramos recipientes de seu amor. Quando dizíamos "Obrigada" ele respondia, "Não agradeçam a mim; agradeçam a Deus. Todas as boas dádivas vêm dele".

Ficou claro para mim que, quando dava presentes para as pessoas de sua igreja, o pastor de Maria estava expressando seu amor a

Deus. Estava certo de que se tivesse conversado com aquele homem, provavelmente ele teria citado para mim as palavras de Jesus quando descreveu o julgamento final:

> *[...] Então, dirá o Rei aos que estiverem à sua direita: Vinde, benditos de meu Pai! Entrai na posse do reino que vos está preparado desde a fundação do mundo. Porque tive fome, e me destes de comer; tive sede, e me destes de beber; era forasteiro, e me hospedastes; estava nu, e me vestistes; enfermo, e me visitastes; preso, e fostes ver-me. Então, perguntarão os justos: Senhor, quando foi que te vimos com fome e te demos de comer? Ou com sede e te demos de beber? E quando te vimos forasteiro e te hospedamos? Ou nu e te vestimos? E quanto te vimos enfermo ou preso e te fomos visitar? O Rei, respondendo, lhes dirá: Em verdade vos afirmo que, sempre que o fizestes a um destes meus pequeninos, a mim o fizestes*[24].

A mensagem de Jesus era clara. Uma das formas de expressar nosso amor a Deus é dar presentes àqueles que precisam.

É essa verdade que motiva profundamente os seguidores de Jesus. Como certo homem me disse:

— Minha maior alegria é dar presentes. Sinto como se esse fosse o motivo de Deus estar me presenteando e é a forma como posso expressar meu amor por ele.

Outro homem disse:

— Sinto-me mais perto de Deus quando estou cuidando de suas criaturas ao dar-lhes algo que elas não podem suprir para si mesmas.

Para essas pessoas, presentear é um modo de vida.

Os presentes de Anne

Quando penso no ato de presentear como uma expressão de amor a Deus, a primeira pessoa que me vem à mente é Anne Wenger. Conheci-a quando ela estava com vinte e quatro anos. Era uma fonoaudióloga que e havia sofrido de poliomielite e que caminhava com certa dificuldade. Quando parou de trabalhar numa clínica, as pessoas levavam seus filhos com problemas de fala à casa dela para fazer terapia. Ele dedicava liberalmente seu tempo e conhecimentos, mas nenhuma criança saía de sua casa sem um presente, talvez apenas um folheto que ela achava que seria de ajuda ou uma maçã da cesta de frutas da cozinha perto de sua cadeira. A porta nunca estava trancada; as pessoas entravam e saíam de sua casa com freqüência.

Um jovem estudante universitário que morava num apartamento no porão cortava a grama para Anne. Outras pessoas da igreja se ofereciam para passar o aspirador e limpar a cozinha. O grupo de jovens limpava as folhas do quintal durante o outono. Todo mundo gostava de fazer alguma coisa por Anne Wenger, talvez porque todos eles haviam recebido algum dia suas dádivas.

Por minha própria experiência, nunca saí de uma visita a Anne sem levar alguma coisa comigo, normalmente um livro ou folheto que ela achava que poderia me ajudar em meu ministério com outros. Lembro-me de uma das últimas vezes que fui à sua casa, poucas semanas antes de ela se mudar para uma clínica de repouso. Ela disse:

— Estou doando minhas coisas enquanto ainda estou viva, pois quero entregá-las a pessoas que acho que vão usá-las. Gostaria que seu filho Derek ficasse com essa coleção de livros – disse apontando para uma coleção de trinta e cinco volumes de clássicos da literatura mundial.

— Anne — disse eu —, sei que ele ficaria feliz em ganhar esses livros, mas acho melhor que antes você pergunte à sua filha se ela não vai querer a coleção. Não gostaria que Derek ficasse com ela se Elizabeth a quiser.

Anne concordou balançando a cabeça e disse:

— Você está certo. É uma ótima idéia. Deixe-me perguntar a Elizabeth.

Duas semanas depois, recebi um telefonema de Anne.

— Falei com Elizabeth e ela quer que os livros fiquem com Derek — disse ela. Você pode vir buscá-los.

E foi o que fiz.

Nos meses seguintes, quando visitei Anne na casa de repouso, vi que seu hábito de dar não havia mudado. A essa altura, ela quase não tinha mais bens materiais, mas quando me preparava para sair de seu quarto ela dizia:

— Tome, leve esse creme hidratante para Karolyn. Sei que ela pode usar.

Então me dava um frasco pequeno de creme que provavelmente havia recebido de alguma outra pessoa.

Anne Wenger foi uma presenteadora e é lembrada por centenas de indivíduos que receberam provas de seu amor ao longo dos anos.

Em minhas conversas com Anne, ao longo de vinte e cinco anos, ela falava profundamente do amor de Deus que experimentava em sua própria vida. Deus, para ela, era o grande Presenteador, e seus presentes para outros eram reflexos do amor divino por eles fluindo através dela.

Como recebemos presentes de Deus

De que forma uma pessoa recebe os presentes de amor de Deus? Alguns presentes são dados por Deus a todos sem distinção. O nascer e o pôr-do-sol, a chuva suave, as flores da primavera, os pássaros e as estações do ano são todos presentes dados por Deus à humanidade. O salmista escreveu: "Os céus proclamam a glória de Deus, e o firmamento anuncia as obras das suas mãos. Um dia discursa a outro dia, e uma noite revela conhecimento a outra noite. Não há linguagem, nem há palavras, e deles não se ouve nenhum som"[25]. Assim como os pais suprem as necessidades básicas de seus filhos — alimento, roupa e abrigo – Deus provê às suas criaturas dia após dia.

Pedindo e recebendo

Outros presentes de Deus, porém, são reservados àqueles que pedem. Certa vez, Jesus disse: "Pedi, e dar-se-vos-á; buscai, e achareis; batei, e abrir-se-vos-á. Pois todo o que pede recebe; o que busca, encontra; e, a quem bate; abrir-se-lhe-á. Ou qual dentre vós é o homem que, se porventura o filho lhe pedir pão, lhe dará pedra? Ou, se lhe pedir um peixe, lhe dará uma cobra? Ora, se vós, que sois maus, sabeis dar boas dádivas a vossos filhos, quanto mais vosso Pai, que está nos céus, dará boas coisas aos que lhe pedirem?"[26]

Sempre achei admirável que o Deus eterno nos convide a pedir presentes a ele, mas foi justamente isso que Jesus ensinou. Não significa que Deus dará exatamente aquilo que pedirmos, toda vez que pedirmos. Um pai ou mãe que tem sabedoria não dará ao filho três barras de chocolate, mesmo que o filho peça. A promessa é de que Deus nos dará "boas coisas" quando pedirmos. Os pais não dariam a um filho algo que sabem que é destrutivo, mesmo que o filho pedisse insistentemente. Deus nos ama tanto que também não faria isso.

O apóstolo Tiago indicou, ainda, outro motivo pelo qual Deus nem sempre nos dá exatamente aquilo que pedimos: "pedis e não recebeis, porque pedis mal, para esbanjardes em vossos prazeres"[27]. Pedidos hedonistas que se concentram em prazeres egoístas considerando-os o que há de melhor na vida, obviamente não serão atendidos por Deus. Ele nos ama demais para permitir que estruturemos nossa vida sobre uma premissa falsa.

Recebendo e dando

Quando nos relacionamos corretamente com Deus, nosso desejo é receber presentes dele a fim de que possamos dar a outros. Assim, um pastor ora por sabedoria ao cuidar de seu rebanho; pais e mães oram por forças físicas e emocionais para cumprir suas responsabilidades para com os filhos. Se pedimos bem materiais, algo que não é desencorajado nas Escrituras, é com o propósito de usar essas coisas para melhorar nosso ministério a outros. Ter coisas simplesmente por ter é algo que vai contra o conceito bíblico de amor. O seguidor sincero de Jesus pergunta:

— De que modo posso usar o que Deus me dá para ministrar a outros?

À medida que Deus nos presenteia, tornamo-nos canais de seu amor para outros. Os pais oram pedindo dinheiro para pagar a faculdade da filha. Quando o dinheiro chega, é usado para enriquecer a vida dessa jovem. Se Deus dá mais do que o necessário, podemos usar o excedente para enriquecer a vida da filha ou do filho de outra pessoa. O que ganhamos além do que nossa família precisa, pode ser aplicado no trabalho de missionários e de pastores ao redor do mundo. Expressamos nosso amor a Deus amando aos outros. Recebemos presentes de sabedoria, entendimento, experiências, aptidões e bens materiais para enriquecer a vida de outras pessoas.

A palavra *presente* vem do grego *charis*, que significa um "favor imerecido". Os presentes de Deus nunca nos são dados porque os merecemos; são concedidos como expressões do amor divino por nós. Assim, nossos presentes a outros não devem basear-se no desempenho da pessoa ou no que ela fez por nós, mas devem, sim, fluir de nosso amor pela pessoa.

Deus fala fluentemente a linguagem do amor dos presentes. Quando damos a outros, refletimos o amor divino.

Capítulo cinco

A quarta linguagem do amor de Deus: Gestos de serviço

Era a semana entre o Natal e o Ano Novo, e Paul Brown (este não é seu nome verdadeiro) estava em meu escritório para o seu *check-up* anual. Por mais de quinze anos, sei que na semana depois do Natal Paul vai ligar para minha secretária e marcar um horário. Professor de matemática de ensino médio em outra cidade, Paul passa parte de sua semana de recesso escolar comigo.

Quando sentou-se à minha frente, não parecia ter mudado desde o ano anterior. Talvez a barba estivesse um pouco mais espessa, o cabelo um pouco mais longo, a barriga um pouco maior e suas roupas um pouco mais largas. Ele começou com sempre faz. Perguntou de meu filho, de minha filha e de minha esposa. Ouviu com interesse sincero enquanto eu dava meu relatório.

Então, como sempre, disse:

— "Pois bem, sem maiores rodeios... — puxando um pedaço de papel amassado de um dos bolsos e uma caneta do outro e fez a mesma pergunta de sempre: — Como saber quando é a vontade de Deus que você se case?

Paul tem quarenta e dois anos e nunca se casou, apesar de estar namorando Becky há doze anos e de os dois terem sido amigos por mais sete anos antes de começarem a namorar.

— Por que pergunta? — Indaguei com uma expressão profissional no rosto.

— É que Becky me disse "Não apareça mais a não ser que esteja disposto a conversar sobre casamento". Não sei se estou pronto para isso. Meu estilo de vida não combina muito com o casamento. Trabalho setenta e cinco horas por semana e acho que a maioria das esposas não aceitaria uma coisa dessas.

Concordei com a cabeça e perguntei:

— Conte-me como é o seu dia.

— Bem, oficialmente eu entro no trabalho às oito e meia da manhã, mas costumo chegar na escola uma hora antes. Leciono das oito e meia às três e meia da tarde e depois dou aulas particulares para vários alunos até as dez e meia da noite, algumas vezes até depois disso. Eles me dão os alunos com mais dificuldade na escola. Alguns não conseguem nem trabalhar conceitos básicos de matemática, sabe, aquele tipo de aluno que não aprende em sala de aula; mas quando estou trabalhando individualmente, não têm como fingir que entenderam e, assim, aprendem de verdade. Acham que não é legal fazer perguntas durante a aula. Fingem que estão entendo, quando sei que não estão. Não podem terminar o ensino médio sem passar na prova de álgebra e não vão conseguir isso nunca sem ajuda individual. Não me importo de dedicar esse tempo a eles. Claro que não recebo horas-extras por isso, mas acho que uma esposa não compreenderia.

Pondo a vírgula no lugar certo

Descobri que esse era o esquema de trabalho de Paul havia sete anos. É claro que nenhum outro professor de matemática daquela escola tinha os mesmos horários. Mas, como Paul explicou:

— Os outros professores têm os melhores alunos. Podem explicar a matéria em aula e eles entendem. Já os meus simplesmente não "captam a mensagem" em aula. Veja bem, estou trabalhando com adolescentes que não têm os conhecimentos mais básicos. Ainda estão tentando descobrir onde colocam a vírgula quando estão trabalhando com números decimais e porcentagens. A vírgula anda para a direita ou para a esquerda?

— Deixe-me comentar sobre um método que Deus me deu — prosseguiu Paul. – Não estou contando vantagem; simplesmente foi algo que me ocorreu um dia. Eu orei perguntando: "Senhor, como posso ajudar esses alunos a se lembrarem onde colocar a vírgula nos números decimais?" Assim, colocava o alfabeto no quadro: A, B, C, D... até a letra P. Sublinhava as letras D e P e perguntava: "Se vocês têm um número decimal e querem transformá-lo numa porcentagem (apontava para a letra P), para que lado devem mover a vírgula?

Eles diziam: "Para a direita". Então eu ia até a letra P e perguntava: "Agora, se vocês têm uma porcentagem e querem transformá-la em número decimal, para que lado devem mover a vírgula?", e apontava para a letra D. "Para a esquerda", gritavam. Sabia que tinham entendido. Três semanas depois, quando vi as provas deles, haviam escrito o alfabeto no alto da folha e sublinhado D e P.

Nós dois rimos e Paul disse:

— É um desafio e tanto, mas sei que estou fazendo uma diferença na vida deles. Vão concluir o ensino médio pois eu me dispus a ajudá-los. Os alunos sabem que estou do lado deles. Às vezes um diz para o outro: "Deixa o Sr. B. em paz. Ele é dos nossos".

Reduzindo a carga horária

Inclinei-me para trás em minha cadeira e disse:

— Bem, Paul, acho que você está certo. Acredito que nenhuma esposa ficaria feliz em ter um marido trabalhando setenta e cinco horas por semana. Assim, imaginemos que você se case e que tenha de reduzir a carga horária. Quais seriam algumas alternativas?

— Precisaria achar um assistente em período integral que pudesse ajudar os alunos individualmente depois da aula. Na verdade, um dia desses, eu disse para o diretor da escola: "Você precisa me contratar como professor particular em períodar integral. Coloque outra pessoa para dar aulas e assim posso trabalho das três e meia da tarde às onze e meia da noite, todos os dias, ensinando alunos com dificuldade". Sei que, obviamente, isso não vai acontecer, mas seria o ideal. Outra idéia que me ocorreu é a de lecionar num cursinho para vestibular ou numa faculdade. Sei que as coisas não vão mudar enquanto eu estiver nessa escola, pois o diretor está contente com as notas dos alunos e os pais também. Então, por que iriam mudar meus horários? Sabem que ninguém mais vai investir o tempo que eu dedico aos alunos. No entanto, por outro lado, não estou bem certo de querer mudar de escola. Afinal de contas, foi esse trabalho que me motivou a voltar a estudar e obter um Mestrado. Lembra? — Ele olhou para mim e eu concordei.

Sim, lembro-me disso. Na verdade, recordo-me de muita coisa sobre Paul. Lembro-me de que sua mãe havia morrido de câncer quando ele estava no ensino médio. Católica devota, ela orava para que Deus cuidasse de seus sete filhos. Lembro-me de que Paul foi para a faculdade em busca do sonho de ser professor de matemática. Na faculdade, Paul tornou-se um dedicado seguidor de Jesus Cristo. Sua preocupação maior não era ser católico ou protestante, mas sim aprender e seguir os ensinamentos de Jesus. Lembro-me de que Paul mudou seu curso de matemática para comunicação, uma decisão que tomou com base no desejo sincero de transmitir os ensinamentos de Cristo a outros.

Recordo-me das dificuldades de Paul vários anos depois da faculdade, trabalhando com uma empresa de comunicação e questionando se era isso mesmo que deveria estar fazendo da vida. E lembro-me claramente da decisão de voltar para a faculdade, terminar o curso de matemática e fazer mestrado nessa área para poder lecionar — algo que havia sido sua visão e paixão desde o começo.

Assim, disse a Paul:

— Você percebe o que está acontecendo? Vive feito um monge dedicando sua vida ao ensino da matemática e a ajudar os alunos a terminar o ensino médio, coisa que não conseguiriam fazer sozinhos. Está mudando a vida deles para sempre. Por outro lado, quer se casar, mas acredita que as duas coisas não são compatíveis. Essa é a escolha que milhares de padres e freiras fazem ao longo dos anos. A maioria deles tomou uma decisão bem mais cedo na vida, mas a escolha é a mesma.

A possibilidade de casar...

Fiz uma pausa e depois continuei:

— Talvez seja hora de considerar de modo realista a possibilidade de se casar. Isso talvez signifique dizer a Becky: "Estou disposto a pensar em casamento, se nós dois soubermos que ao conversar sobre isso podemos decidir não casar". É possível que vocês dois tenham que freqüentar alguns cursos preparatórios para o casamento e de fazer alguns testes psicológicos para avaliar o nível de compatibilidade dos dois. Com certeza, significa que vão ter de considerar seu estilo de vida e perguntar-se: "Como seriam as coisas se fossemos casados?" Talvez isso provoque mudanças no âmbito vocacional de cada um, mas pelo menos, no final do processo, serão capazes de tomar uma decisão sobre casar ou não com base em informações sólidas.

A sala ficou absolutamente em silêncio. Eu sabia que Paul estava refletindo sobre o que eu havia acabado de dizer.

— Não sei se estou disposto a dar esses passos — disse ele. — Pelo menos não agora.

Conversamos sobre vários outros assuntos menos importantes. Como sempre, Paul agradeceu por meu tempo e disse o quanto apreciava eu ter apresentado a ele minha visão de modo objetivo. Ao vê-lo sair, sabia que voltaríamos a nos encontrar depois do Natal no ano seguinte. E, mais uma vez, conversaríamos sobre "Como saber a vontade de Deus quanto ao casamento".

Expressando amor a Deus através de gestos de serviço

A principal linguagem do amor de Paul consiste em gestos de serviço. Dar aulas particulares de matemática para os alunos com dificuldade é sua maneira de expressar seu amor a Deus. Por isso, para ele era tão difícil imaginar a idéia de deixar esses alunos, mesmo que fosse para entrar num relacionamento conjugal. No entanto, não era a primeira vez que eu havia observado a linguagem do amor de Paul. Quando ele estava trabalhando para a empresa na área de comunicação, costumava oferecer-se para operar o sistema de som da sua igreja e editar os sermões do pastor, a fim de serem transmitidos por uma estação de rádio. Durante esses anos, ele sempre dedicava vinte horas por semana a esse trabalho voluntário. Era sua forma de expressar seu amor a Deus.

Não posso dizer se Paul vai casar algum dia, mas posso afirmar que, se isso acontecer, ele vai encontrar uma forma de servir a outros, pois os gestos de serviço são sua principal linguagem do amor.

A Profetisa do amor

Poucos dos meus leitores conhecem Paul Brown, mas certamente a maioria sabe quem foi Madre Teresa. Ela foi a profetisa do amor no século vinte, e não há dúvida de que sua principal linguagem do amor consistia em gestos de serviço.

Quando era adolescente, Agnes Bojaxhiu (o nome que Madre Teresa recebeu de seus pais) passou a fazer parte de um grupo de jovens católicos na paróquia jesuíta do Sagrado Coração em sua cidade natal de Skopjle, na Albânia. Aos dezoito anos de idade, mudou-se para a Irlanda, a fim de juntar-se às Irmãs de Nossa Senhora de Loreto. Três meses depois, foi enviada a Calcutá, na Índia, e mais tarde a Darjeeling, próximo ao Himalaia onde, em 1937, fez seus votos definitivos e assumiu o nome de "Teresa". Depois de nove anos lecionando na única escola católica para meninas em Calcutá, sendo a maioria das alunas de famílias abastadas, Irmã

Teresa tomou consciência de "um chamado em meio à vocação: deveria deixar o convento (Loreto) e dedicar-me a ajudar os pobres, vivendo no meio deles. Abandonar Loreto foi um sacrifício mais penoso do que deixar minha família naquela primeira ocasião em que resolvi seguir minha vocação. No entanto, precisava fazê-lo. Era um chamado. Sabia que precisava ir; não tinha idéia de como chegar lá"[1].

Algumas das ex-alunas de Madre Teresa foram com ela e, juntas, formaram o núcleo do ministério que tornou-se as "Missionárias da Caridade". Madre Teresa iniciou seu trabalho com aqueles que viu primeiro: crianças abandonadas vivendo nos parques da cidade. Começou a ensiná-las os hábitos básicos de higiene. Ajudou-as a aprender o alfabeto. Não tinha um plano-mestre para seu trabalho, mas seu objetivo era claro: amar e servir aos pobres, vendo neles a figura de Jesus. Em suas palavras: "Não havia qualquer planejamento na hora determinar que trabalho deveria ser realizado. Eu liderava a obra de acordo com a forma como me sentia chamada pelo sofrimento do povo. Deus me fazia ver o que desejava de mim"[2].

Quando encontrou uma mulher deitada na calçada, Madre Teresa a levou para casa com ela e, logo depois, abriu o Lar para os Doentes Terminais, a fim de oferecer um lugar tranqüilo e digno para as pessoas passarem o fim de sua vida. Mais tarde, quando viu crianças abandonadas, às vezes filhos e filhas daqueles que encontravam-se no Lar para Doentes Terminais, ela abriu Shishu Bhaban, o primeiro de uma série de lares para crianças. Semelhantemente, começou lares para leprosos, aidéticos e mães solteiras. Quando recebeu o Prêmio Nobel da Paz em 1979, não julgou que a soma em dinheiro lhe pertencesse, mas aceitou-a em nome dos pobres e gastou-a toda com eles.

Considerar Madre Teresa simplesmente como uma pessoa de altruísmo excepcional é deixar de ver a mensagem central de sua vida: "Sejam quem forem os mais pobres dos pobres, são Cristo para nós — Cristo na aparência de sofrimento humano. As Missionárias da Caridade acreditam firmemente que, cada vez que oferecem ajuda aos pobres, estão servindo a Cristo". Em outra ocasião, ela disse: "Quando tocamos os enfermos e necessitados, tocamos o corpo sofredor de Cristo". E, ainda: "É de Jesus que cuidamos. É a ele que visitamos, vestimos, alimentamos e consolamos. Toda fez que fazemos isso pelos pobres, os enfermos, os que estão morrendo, os leprosos, os aidéticos, não devemos servir os pobres como se *fossem* Jesus; devemos servi-los porque são Jesus"[3].

Servir as pessoas equivale a amar a Deus

A dimensão essencial dos gestos de serviço de Madre Teresa era de natureza espiritual. "Para mim, Jesus é a Vida que desejo viver, a Luz que desejo refletir, o Caminho para o Pai, o Amor que desejo expressar, a Alegria que desejo compartilhar, a Paz que desejo semear ao meu redor"[4]. Para ela, servir as pessoas era amar a Deus.

Para Madre Teresa, o amor sempre envolveu serviço e sacrifício. Afinal de contas, a seu ver, foi assim que Deus expressou seu amor por nós. "O verdadeiro amor causa dor. A fim de dar-nos prova de seu amor, Jesus morreu na cruz. A fim de dar à luz o seu filho, uma mãe tem que sofrer. Se verdadeiramente amamos uns aos outros, não podemos evitar os sacrifícios"[5].

Quando Madre Teresa desafiava outros a juntarem-se a ela para amar a Deus, com freqüência isso se expressava em termos de gestos de serviço. "Convido todos vocês que apreciam nosso trabalho a olhar em volta, a estar dispostos a amar aqueles que não têm amor e a oferecer-lhes seus serviços. Não somos, por definição, mensageiros do amor?" Posteriormente, disse: "Não nos contentemos em dar dinheiro. O dinheiro não é tudo. Os pobres precisam do trabalho de nossas mãos, do amor de nosso coração. O amor, um amor abundante, é a expressão da religião cristã"[6].

Àqueles que procuravam seguir seu exemplo, Madre Teresa enfatizava a relação entre amar as pessoas e amar a Deus.

> Certa vez, logo que foi fundada a Congregação dos Irmãos Missionários da Caridade, um jovem irmão dirigiu-se a mim e disse:

> — Madre, tenho um chamado especial para trabalhar com os leprosos. Quero dar-lhes minha vida e dedicar-lhes todo o meu ser. Não há nada que me atraia mais do que isso.
>
> Sabia que o amor que sentia pelos que sofriam de lepra era verdadeiro. Eu, porém, respondi:
>
> — Creio que você está um tanto enganado, irmão. Nossa vocação consiste em pertencer a Jesus. O trabalho não passa de um meio de expressar nosso amor por ele. O trabalho, em si, não é tão importante. O que importa é que você pertence a Jesus; ele é quem lhe oferece os meios de expressar esse pertencer[7].

Para ela, cuidar das necessidades espirituais era mais importante do que cuidar das necessidades materiais: "Temos a tarefa específica de dar auxílio material e espiritual para os mais pobres dos pobres, não apenas os que se encontram nas favelas, mas também os que vivem em qualquer canto do mundo [...]. Se nosso trabalho fosse apenas lavar, alimentar e dar remédios aos enfermos, o centro já teria fechado há muito tempo. A coisa mais importante em nossos centros é a oportunidade que temos de alcançar as almas"[8].

O Gesto supremo de serviço: uma vida de sacrifício

Para Madre Teresa, Deus expressou seu amor por nós ao enviar seu único Filho, Jesus, que por sua vez expressou o seu amor por meio do gesto supremo de serviço: dando sua vida por nossos pecados. Quando uma jovem chamada Agnes Bojaxhiu respondeu a esse amor, foi determinado o rumo de sua vida. Seria uma existência caracterizada pela generosidade, compaixão e abnegação mediante gestos de serviço aos pobres. Sua vida chamou a atenção do mundo, mas foi intensa e pessoalmente motivada por seu amor a Jesus. Ela tornou-se modelo para milhares de seguidores de Cristo, cuja principal linguagem do amor consiste em gestos de serviço.

Os gestos de serviço de Deus ao longo dos anos

Quem é esse Deus que cativou o coração de Agnes Bojaxhiu e que a transformou em Madre Teresa? A resposta vai direto ao ponto. Ele é o Deus de Abraão, de Isaque, de Jacó e de José; é Aquele que a Bíblia chama de "Deus e Pai de Nosso Senhor Jesus Cristo"[9]. Ele é o Deus que fala fluentemente a linguagem do amor dos gestos de serviço.

Que criança judia não conhece a história do gesto de amor de Deus ao libertar Israel da escravidão no Egito? Esse ato de amor é tão importante que é comemorado pela comunidade judaica há mais de três mil e quinhentos anos: é a sua Páscoa.

Durante a viagem de quarenta anos do Egito para Canaã, o povo de Israel viu Deus expressar seu amor por meio de gestos de serviço em diversas ocasiões. Ele abriu as águas do mar Vermelho, um episódio que ganhou vida para o público de nossos tempos pelo filme *Os dez mandamentos* do diretor Cecil B. DeMille. No meio do deserto, Deus proveu água para o povo beber e maná e codornizes para se alimentar. A nação judia foi afetada de modo tão profundo pelo amor de Deus mediante gestos de serviço que, com freqüência, ao fazer relatos de sua história, estes eram, na verdade, uma narrativa dos atos poderosos de Deus em favor de Israel.

Ao contrário de Baal e dos deuses pagãos de seus vizinhos, que nunca respondiam às orações e aos sacrifícios daqueles que os invocavam, o Deus de Israel revelava seu amor por meio de gestos de serviço, em resposta às orações de seu povo. Inimigos eram expulsos, pragas afastadas, secas tinham fim e enfermidades eram curadas, quando Israel clamava a Deus.

A percepção de Deus como aquele que age era tão vital para o pensamento judeu que um dos nomes atribuídos por eles a Deus era *Elohim*, o Todo-Poderoso.

O escritor de Salmos fez um contraste entre o Deus de Israel e os deuses pagãos enfatizando as poderosas demonstrações de atos de Deus em favor de Israel. Ao falar dos deuses pagãos, o salmista escreveu: "Prata e ouro são os ídolos deles, obra das mãos de homens. Têm boca e não falam; têm olhos e não vêem; têm ouvidos e não ouvem; têm nariz e não cheiram. Suas mãos não apalpam; seus pés não andam; som nenhum lhes sai da garganta". Contrastando com isso, ao falar do Deus de Israel, o salmista diz: "Israel confia no Senhor: ele é o seu amparo e o seu escudo [...] De nós se tem lembrado o Senhor; ele nos abençoará: abençoará a casa de Israel, abençoará a casa de Arão. Ele abençoa os que temem o Senhor, tanto pequenos como grandes"[10]. Obviamente, o Deus de Israel é o Deus que expressava seu amor servindo àqueles que clamavam por ele.

Os gestos de serviço e as palavras de Jesus

No entanto, observe que o enfoque dos gestos de serviço de Madre Teresa era Jesus e não o Deus Elohim. Por quê? Quando estudamos a vida de Jesus de Nazaré, podemos vê-lo identificando-se com o Deus de Israel. Essas afirmações são tão claras e tão entretecidas no conceito de Jesus acerca de si próprio que muitos consideraram-nas inacreditáveis e concluíram que Jesus era um homem com delírios de grandeza, alguém que não deveria ser reputado seriamente como um líder religioso digno de crédito.

Que declarações de Jesus foram consideradas inacreditáveis (mas que Madre Teresa e inúmeros outros aceitaram como verdadeiras)? No início de sua vida adulta, Jesus voltou à vila de Nazaré, onde havia crescido e, num sábado, foi até a sinagoga. Quando lhe pediram que lesse as Escrituras, ele abriu o rolo em Isaías capítulo 61 e leu o seguinte: "o Espírito do Senhor está sobre mim, pelo que me ungiu para evangelizar aos pobres; enviou-me para proclamar libertação aos cativos e restauração da vista aos cegos, para pôr em liberdade os oprimidos e apregoar o ano aceitável do Senhor"[11].

Essa passagem era normalmente compreendida como uma profecia sobre o Messias que um dia viria a Israel. Quando Jesus terminou a leitura, disse: "Hoje, se cumpriu a Escritura que acabais de ouvir". Assim, ele afirmou ser o tão esperado Messias. Os líderes da sinagoga ficaram tão furiosos que literalmente arrastaram Jesus para fora da cidade. Isso levou Jesus a dizer: "nenhum profeta é bem recebido em sua própria terra"[12]. Conclui-se que Jesus começou seus três anos de ministério pleno de gestos de serviço.

Em outra ocasião, Jesus olhou para o céu e orou. "Pai, é chegada a hora; glorifica a teu Filho, para que o Filho te glorifique a ti; assim como lhe conferiste autoridade sobre toda a carne, a fim de que ele conceda a vida eterna a todos os que lhe deste". Então, acrescentou estas palavras à sua oração sincera: "E a vida eterna é esta: que te conheçam a ti, o único Deus verdadeiro, e a Jesus Cristo, a quem enviaste. Eu te glorifiquei na terra, consumando a obra que me confiaste para fazer; e, agora, glorifica-me, ó Pai, contigo mesmo, com a glória que eu tive junto de ti, antes que houvesse o mundo"[13].

Fica evidente que Jesus havia se declarado o Filho único de Deus, ao qual foi dada grande glória no céu. Naquele momento, procurando preparar seus seguidores para a morte que lhe havia sido determinada por Deus, Jesus disse:

> *Não se turbe o vosso coração; credes em Deus, crede também em mim. Na casa de meu Pai há muitas moradas. Se assim não fora, eu vo-lo teria dito. Pois vou preparar-vos um lugar. E, quando eu for e vos preparar lugar, voltarei e vos receberei para mim mesmo, para que, onde eu estou, estejais vós também. E vós sabeis o caminho para onde eu vou.*
>
> *Disse-lhe Tomé: Senhor, não sabemos para onde vais; como saber o caminho?*
>
> *Respondeu-lhe Jesus: Eu sou o caminho, e a verdade, e a vida; ninguém vem ao Pai senão por mim. Se vós me tivésseis conhecido, conheceríeis também a meu Pai*[14].

Jesus declarou que seus "gestos de serviço", inclusive a preparação de "um lugar" para seus seguidores, eram como amorosos gestos de serviço do Pai. No entanto, suas palavras — "Se vós me tivésseis conhecido, conheceríeis também a meu Pai" — causaram perplexidade em um de seus discípulos.

> Replicou-lhe Filipe: Senhor, mostra-nos o Pai, e isso nos basta.
>
> Disse-lhe Jesus; Filipe, há tanto tempo estou convosco, e não me tens conhecido? Quem me vê a mim vê o Pai; como dizes tu: Mostra-nos o Pai? Não crês que eu estou no Pai e que o Pai está em mim? As palavras que eu vos digo não as digo por mim mesmo; mas o Pai, que permanece em mim, faz as suas obras. Crede-me que estou no Pai, e o Pai, em mim; crede ao menos por causa das mesmas obras[15].

Caso se parta do pressuposto de que a Encarnação — Deus haver se tornado homem — é impossível, então é fácil entender por que os ensinamentos de Jesus são considerados tão inacreditáveis. No entanto, o interessante é que Jesus usou gestos de serviço como prova da veracidade de suas declarações. Como disse Jesus aos seus discípulos: "Se eu não tivesse feito entre eles tais obras, quais nenhum outro fez, pecado não teriam; mas, agora, não somente têm eles visto, mas também odiado, tanto a mim, como a meu Pai. Isto, porém, é para que se cumpra a palavra escrita na sua lei: Odiaram-me sem motivo"[16].

Obras miraculosas de serviço

Os milagres realizados por Jesus jamais resultaram de um capricho qualquer. Foram sempre expressões de seu amor pelas pessoas. Curar os enfermos, dar vista aos cegos, acalmar a tempestade, expulsar demônios e, em três ocasiões, ressuscitar os mortos[17] — todas essas obras constituíram feitos sobrenaturais que o identificaram com Deus e que foram realizados como expressão do amor divino. Tal realidade ficou evidente em sua declaração: "Como o Pai me amou, também eu vos amei[18]".

Jesus qualificou sua própria morte como uma obra de serviço quando disse: "O meu mandamento é este: que vos ameis uns aos outros, assim como eu vos amei. Ninguém tem maior amor do que este: de dar alguém a própria vida em favor dos seus amigos". Esse amor fica ainda mais claro ainda na ocasião em que Jesus disse na cruz, quando estava morrendo: "Pai, perdoa-lhes, porque não sabem o que fazem"[19].

Fica evidente que o apóstolo Paulo considerava a morte de Cristo uma expressão do amor de Deus. Estas são suas palavras à igreja de Roma: "Porque Cristo, quando nós ainda éramos fracos, morreu a seu tempo pelos ímpios. Dificilmente, alguém morreria por um justo; pois poderá ser que pelo bom alguém se anime a morrer. Mas Deus prova o seu próprio amor para conosco pelo fato de ter Cristo morrido por nós, sendo nós ainda pecadores"[20].

Para Paulo, a idéia predominante era a de que Cristo havia morrido não por pessoas boas, mas por pecadores.

Anteriormente, Jesus havia orado: "Pai, a minha vontade é que onde eu estou, estejam também comigo os que me deste, para que vejam a minha glória que me conferiste, porque me amaste antes da fundação do mundo. [...] Eu lhes fiz conhecer o teu nome a ainda o farei conhecer, a fim de que o amor com que me amaste esteja neles, e eu neles esteja"[21].

Respostas aos gestos de serviço de Jesus

A identificação de Jesus com Deus Pai, a menção de que estava com ele antes da fundação do mundo e de ter vindo ao mundo a partir do Pai bem como as indicações claras de que, depois de sua morte e ressurreição, votaria para o Pai, forçaram homens intelectualmente honestos a concluir que há somente três possibilidades: ou Jesus é um enganador consciente que deve ser ignorado, ou um camponês delirante digno de pena, ou, de fato, o Senhor divino que deve ser adorado. Não há bases intelectuais para considerá-lo um grande mestre religioso. Suas declarações de divindade não nos oferecem essa opção.

Para todos os que estudam a vida de Jesus, ele se torna uma encruzilhada na estrada da vida. Em meio aos que escolhem o caminho da submissão – os que se colocam de joelhos, submetem seu coração e levantam-se para andar humildemente como seus servos —, muitos irão testemunhar que, em última análise, o que conquistou seu coração foi o amor divino expresso pelos gestos miraculosos de serviço e a morte sacrificial e voluntária de Jesus para pagar o preço de seus pecados.

Capítulo seis

A quinta linguagem do amor de Deus: Toque físico

Alguns anos atrás, estava na região sul da Alemanha para realizar um seminário sobre casamento durante um final de semana, e outro sobre cuidado e educação dos filhos no final de semana seguinte. Karl foi meu intérprete nos dois eventos e, em todas as minhas viagens, nunca encontrei um tradutor mais entusiasmado.

Já na primeira palestra, vi que seria divertido. À medida em que eu assumia a personalidade de meus personagens, Karl fazia o mesmo. Se eu falava cada vez mais alto, o volume de sua voz também ia aumentando. Se fazia uma voz diferente, ele fazia isso também. Quando me tornava mais intenso, ele me acompanhava. Quando eu soltava uma risada, ele ria. Na verdade, em certos momentos, peguei-me rindo dele, enquanto me imitava.

Cerca de metade do público entendia inglês, de modo que riam quando eu terminava a história. A outra metade, ria quando Karl terminava. Que empolgação!

Durante os intervalos, nos dois finais de semana, Karl serviu de intérprete para conversas pessoais com aqueles que estavam participando dos seminários. Também tivemos bastante tempo para conversar um com o outro. Sete dos meus livros haviam sido traduzidos para o alemão. Karl conhecia *As cinco linguagens do amor* e estava especialmente interessado em minha palestra sobre esse livro. Disse-me que, sem dúvida alguma, sua linguagem do amor era o toque físico. Para ele, os toques carinhosos de sua esposa falavam ao mais profundo de seu ser.

Lá pela metade do segundo seminário, já conhecia Karl relativamente bem. Em uma de nossas conversas, ele me perguntou:

Que livro você está escrevendo agora?

— Estou escrevendo um livro sobre as linguagem do amor de Deus. Acredito que as pessoas experimentam o amor de Deus de maneira mais profunda quando Deus fala a principal linguagem do amor delas. Por exemplo — prossegui —, se a principal linguagem do amor de uma pessoa consiste em palavras de elogio, ela experimentará o amor de Deus mais profundamente através de palavras.

Dei a Karl o exemplo de um rapaz que, semanas antes, havia me contado que tinha encontrado Deus depois de parar num pequeno hotel durante uma viagem. Brigado com os pais e quase sem dinheiro, o viajante encontrou uma Bíblia em seu quarto.

— Desesperado, peguei a Bíblia dos Gideões — disse o rapaz — , e ela se abriu em Jeremias 31, onde li: "Com amor eterno eu te amei; por isso, com benignidade te atraí". Alguns versículos depois, leu: "Aquele que espalhou a Israel o congregará e o guardará, como o pastor, ao seu rebanho".

Sei que o profeta escreveu essas palavras para Israel — disse-me o rapaz —, mas, naquela noite, foram as palavras de Deus para mim. Voltei para Deus e, no dia seguinte, voltei também para casa, para os meus pais.

Expliquei a Karl que o poder das palavras de Deus havia tocado profundamente o espírito daquele viajante; Deus havia lhe falado em sua principal linguagem do amor.

Um tapa na mão

Observei que Karl mal podia esperar até que eu terminasse minha ilustração. Cheio de emoção, ele disse:

— Com certeza esse foi o meu caso. Na semana passada, eu lhe disse que minha principal linguagem do amor é o toque físico. Deixe-me contar como tornei-me um cristão. Estava com dezessete anos de idade e tentando decidir em que acreditar no que se referia a Deus. Não estava certo da existência de um Deus, mas, se ele existia, sabia que queria conhecê-lo. Certa noite, logo depois que havia escurecido, estava andando de bicicleta. Tinha um cigarro na mão. Fumava desde os treze anos e queria muito parar. Havia tentado várias vezes, mas sem sucesso. Olhei para meu cigarro e disse em voz alta: "Deus, se o Senhor de fato existe, então tire o cigarros de mim". Imediatamente, foi como se uma grande mão tivesse saído do nada e dado um tapa em minha mão; o cigarro sumiu.

Parei a bicicleta e foi como se os braços de Deus me envolvessem. Senti sua presença. Chorei. Sabia que não apenas Deus existia, como também me amava. Daquele dia em diante, sou um seguidor de Cristo. Ele falou minha linguagem do amor. Ele me tocou – disse Karl — e ainda continua tocando. Não sempre, mas com freqüência, quando estou orando e cantando, sinto sua presença. Sei que Deus é espírito, mas quando seu Espírito toca o meu espírito, sinto isso em meu corpo. É nesses momentos que me sinto mais próximo de Deus.

Sentindo a presença de Deus

A experiência de Karl não é incomum. Pessoas cuja principal linguagem do amor consiste no toque físico com freqüência falam de "sentir a presença de Deus". Lembra-se de Rod, que conhecemos no capítulo 3? O marido de Greta, a palestrante no congresso nacional de mulheres. Rod estabeleceu sua comunhão com Deus no segundo domingo em que foi a uma igreja carismática. Seu amigo perguntou se ele gostaria de ir à frente na igreja depois do culto para que algumas pessoas orassem por ele. Não querendo ofender seu amigo, ele concordou.

Vários homens reuniram-se ao seu redor e começaram a orar. Rod me disse:

— Jamais experimentei algo parecido. Em poucos minutos, estava chorando incontrolavelmente e orando, pedindo a Deus que me perdoasse. Naquele dia, fui tocado por Deus. Foi como se uma corrente elétrica percorresse meu corpo e senti-me completamente limpo".

Mais adiante em minha conversa com Rod, ele me disse:

— Foi só o começo, porque desde então, em muitas ocasiões, Deus tem me tocado. Duas semanas atrás, estava passando por dificuldades no trabalho. Sentia-me emocionalmente deprimido e distante de Greta. Enquanto dirigia, disse a Deus: "Preciso de ti; preciso muito". Fui tomado pela presença de Deus. Era como se ele estivesse comigo no carro. Comecei a chorar e parei no acostamento. Fiquei transbordando de alegria e paz. Sua presença mudou tudo. Devo ter ficado lá uns quinze minutos chorando e louvando a Deus. Quando passou, senti paz. Sabia que Deus iria me ajudar.

— Não tenho essas experiências com Deus o tempo todo — continuou Rod —, o que acho bom. Não sei se meu corpo seria capaz de suportar. Mas, quando uma coisa assim acontece, é a mais pura alegria. São os pontos mais altos de minha vida, quando sei que estou na presença de Deus.

— Você está me dizendo que essas experiências emocionais e físicas profundas com Deus só acontecem de tempos em tempos– confirmei. – Agora, na rotina normal da vida, em que ocasiões você se sente mais próximo de Deus? — perguntei.

— Quando estou entoando cânticos de louvor — disse Rod —, muitas vezes sinto a presença de Deus. Em algumas ocasiões, quando estou na igreja e, em outras, quando estou sozinho, é como se a presença dele passasse perto de mim e eu a sentisse como um vento. Às vezes choro quando canto, mas são lágrimas de alegria. Sei que Deus está presente e estou cantando louvores a ele.

O abraço de um pai

Enquanto Rod me contava suas experiências com Deus, lembrei-me do país insular de Cingapura, onde havia estado alguns meses antes. Veio-me à memória o sábado à noite em que estava num culto para o qual havia sido convidado a falar. Os cânticos eram dirigidos por um pequeno grupo de "cantores de louvor", jovens ainda em sua adolescência. Enquanto cantavam, vários deles começaram a levantar as mãos, voltando seus olhos para o céu. Lágrimas começaram a correr em seu rosto, enquanto entoavam louvores a Deus.

Depois do culto, perguntei ao pastor quem eram aqueles jovens.

— Ah, aqueles são adolescentes que foram salvos das ruas — disse ele. — Eles têm um grande amor a Deus e adoram cantar louvores a ele.

Ao ouvir isso, minha mente clínica começou a fazer um retrato da situação. Ali estavam alguns jovens que jamais haviam experimentado o abraço de um pai, que por alguma motivo haviam sido abandonados pela mãe, mas que estavam experimentando o toque de um Pai celeste que havia se revelado como "um Pai para os órfãos". Identificavam-se com o salmista hebreu que disse: "Porque, se meu pai e minha mãe me desampararem, o Senhor me acolherá"[1].

Mais tarde, lembrei-me de que nem todos os "cantores de louvor" estavam chorando. Nem todos estavam erguendo às mãos para o alto, mesmo que todos estivessem entoando louvores a Deus. Alguns não davam qualquer sinal de estar fisicamente envolvidos, mas não tinha motivo nenhum para duvidar da sinceridade de seu louvor. Fiquei pensando em qual seria sua linguagem do amor e em como Deus havia cativado o coração de cada um. Senti-me relativamente certo de que aqueles que choraram haviam experimentado o amor do Senhor mais profundamente por meio de uma consciência da presença do Deus vivo. Ele os tocou e experimentaram seu caloroso abraço. Ao sentirem-se amados por Deus, retribuíram com suas mãos erguidas e suas lágrimas.

O toque físico e a "igreja domiciliar" de Nicholas

Alguns meses depois, estava de volta aos Estados Unidos visitando uma "igreja domiciliar" no centro de uma cidade. Eram jovens seguidores de Cristo que jamais haviam entrado numa igreja tradicional. Haviam crescido com uma visão de mundo totalmente secular. A maioria deles havia experimentado sexo, álcool e drogas desde o início da adolescência. A maioria, também, havia sido criada em lares adotivos. Mais tarde, descobri que mais da metade jamais havia conhecido o pai. Antes de chegarem à "igreja domiciliar" haviam dormido em parques ou debaixo de pontes, quando o tempo estava ruim.

Encontrando uma família

Não se tratava de adolescentes e de jovens que haviam se rebelado contra seus pais. Eram jovens que não conheciam os pais. Por meio do ministério de uma "igreja domiciliar" haviam se tornado seguidores de Cristo, tendo encontrado ali uma família e a libertação de seus vícios. Haviam descoberto a verdade expressa no Salmo 68.6: "Deus faz que o solitário more em família; tira os cativos para a prosperidade".

Foi nesse contexto que conheci Nicholas, um jovem cuja altura, traços do rosto e cabelo me fizeram lembrar de meu próprio filho. Ele parecia um pouco mais velho que o resto do grupo. Decidi puxar conversa com ele. Não demorou muito para começar a se abrir.

— Passei os primeiros dezoito anos de minha vida nas ruas de Chicago – disse ele. — Então, mudei-me para a região oeste. Acabei chegando aqui, onde já estou há dez anos. Estava dormindo num parque e lavando louças num restaurante, quando um amigo me convidou para uma *rave*, uma festa animada. O que eu não sabia era que se tratava de uma *rave* cristã. Dançamos a noite toda, mas de tempos em tempos os membros da banda paravam para falar sobre sua própria jornada espiritual. Levou um tempo para eu perceber que todos eles estavam falando de Deus. Foi estranho. Só ouvia alguém mencionar o nome de Deus quando estava se queixando, mas Deus parecia ter feito uma diferença real na vida daquelas pessoas. Lá pelas quatro da manhã, um deles disse: "Se você quer que uma pessoa ore com você, venha até aqui". Ninguém nunca havia orado por mim e achei que seria uma experiência legal. Fui passando pelo meio daquele monte de gente e cheguei até o outro lado. Um cara e uma menina vieram ao meu encontro e perguntaram: "Você quer orar?" Respondi que não sabia orar e eles disseram: "Vamos orar por você". Então, sentei numa cadeira.

"Deus estava tocando em minha vida"

— Eles se ajoelharam, e os dois oraram por mim. Na hora não sabia o que estava acontecendo comigo. Achei que estava ficando doido. Agora sei que Deus estava tocando em minha vida e me transformando. Senti uma presença que jamais havia sentido antes e vi Jesus diante de mim dizendo: "Eu amo você. Sempre amei. Quero que seja meu filho. Quero que me siga". Não sabia quem ele era, então perguntei: "Quem é o senhor?" e ele disse: "Sou Jesus. Sou o Filho de Deus. Vim para a Terra e segurei a sua barra por todos os seus erros e fracassos. Sei que você não tem família. Quero ser seu irmão, e Deus quer ser o seu Pai. Essas pessoas que estão orando por você trabalham para mim. Elas também o amam e vão ajudá-lo. Dê ouvidos a elas".

Nicholas disse que respondeu: "Tudo bem". Quando fez isso, sentiu "um peso enorme sendo tirado dos ombros" e começou a chorar dizendo: "Obrigado Jesus; obrigado Jesus; obrigado Jesus".

Na manhã seguinte, Nicholas decidiu ir morar com o casal que havia orado por ele e com algumas outras pessoas numa "igreja domiciliar".

— Naquela época, achei que era só algum tipo de grupo religioso. Agora já estou aqui há três anos. Foram os três melhores anos da minha vida. Deus me libertou das drogas e, pela primeira vez, tenho uma família. Jesus mudou minha vida e, se ele pode mudar a minha vida, pode fazer o mesmo com a vida de qualquer outra pessoa.

O Toque, a compaixão e a oração fervorosa

— Durante os três dias que fiquei na "igreja-domiciliar", descobri que a oração era mais do que um ritual para eles. Na primeira noite, chegou uma menina visivelmente grávida e que parecia estar delirando. A primeira reação dos líderes do grupo foi: "Vamos orar por ela". Umas seis ou oito pessoas que estavam na casa se reuniram ao redor dela, cada uma colocando uma das mãos sobre o corpo dela e segurando, com a outra, a mão de um companheiro de oração. Dei a mão para Nicholas. Um a um, começaram a interceder por ela.

— Oraram com tal amor e intensidade que poucas vezes vi igual em uma igreja tradicional. Enquanto um deles orava, os outros diziam: "Sim, Senhor", "Amém", "Obrigado, Jesus" e "Senhor, tenha misericórdia".

— Quando Nicholas começou a orar, senti sua mão tremer. À medida que orava, seu tremor ia ficando mais forte. Quando a oração acabou, todos se abraçaram e abraçaram também a moça. Expressaram louvores a Deus por responder suas orações.

— Então, levaram a moça para a cozinha e lhe deram uma refeição. Mais tarde, quando descobriram que ela não tinha para onde ir, convidaram-na para passar a noite lá.

— No dia seguinte, quando Nicholas e eu estávamos na rua fazendo uma "caminhada de oração" (nessa caminhada, anda-se pela rua e vai-se orando por aqueles que passam por você, pelas pessoas que moram e que trabalham nos prédios, às vezes falando com Deus em voz alta, às vezes silenciosamente), disse a Nicholas que jamais havia orado com uma pessoa cujas mãos tremiam quando ela falava com Deus.

— Sério? — perguntou. — Quando minhas mãos estão tremendo, sei que é porque o Espírito de Deus está em mim e Deus quer fazer algo de bom por meio de minhas orações.

— Você acha que as mãos de todas as pessoas tremem se elas têm o Espírito dentro de delas? — indaguei.

— Não, mas acontece sempre comigo. Não sei por quê. Talvez seja a maneira de Deus me dizer que está comigo.

Durante minha última noite na "igreja domiciliar", pediram-me para compartilhar a mensagem sobre *As cinco linguagens do amor*. Alguns haviam ouvido falar de uma parte ou outra da idéia e um deles havia lido o meu livro. Concentrei-me em falar sobre como a compreensão da principal linguagem do amor de uma pessoa nos ajuda a suprir, de modo mais eficaz, as necessidades emocionais de amor dessa pessoa. Achei que seria útil para eles, uma vez que trabalhavam com jovens que precisavam desesperadamente de amor.

O que não esperava era o comentário de Nicholas. Assim que terminei a palestra, ele veio apressado em minha direção e disse:

— Agora eu sei por que minhas mãos tremem quando oro. Minha linguagem do amor com certeza é o toque físico. É o jeito de Deus mostrar que me ama.

Coloquei meu braço ao redor dele, dei um tapinha em suas costas e disse:

— Ele o ama mesmo, e eu também.

Nossos olhos se encheram de lágrimas.

O toque de Deus sobre pessoas do passado distante

Lutando com Deus

Podemos encontrar evidências de que Deus fala a linguagem do amor por meio do toque físico ao longo de todo o Antigo e Novo Testamento. Gênesis 32 traz o relato de Jacó a caminho de um encontro de reconciliação com Esaú, o irmão com o qual não conversava havia muitos anos. Ciente de que havia maltratado seu irmão e sem saber qual seria a reação dele depois de todos aqueles anos, Jacó orou e, enquanto orava, teve um encontro com uma presença na forma de um homem, que lutava com ele.

Ao perceber que aquele desconhecido era um mensageiro de Deus, Jacó agarrou-se a ele e suplicou por uma bênção. O homem, que desejava ser solto antes do amanhecer, "tocou-lhe na articulação da coxa; deslocou-se a junta da coxa de Jacó, na luta com o homem". Antes de o homem partir, foi dada uma bênção, mas Jacó acreditou tratar-se de um encontro com Deus, como fica evidente por suas palavras: "Vi a Deus face a face, e a minha vida foi salva". Na manhã seguinte, Jacó "manquejava de uma coxa"[2]. Essa experiência representou um ponto crítico na vida de Jacó. O fato de mancar indica que não se tratou apenas de um sonho. Jacó foi, de fato, tocado por Deus.

Brilhando por causa da presença de Deus

Moisés também teve um encontro com Deus que afetou seu corpo físico. Quando desceu da montanha onde Deus havia lhe dado os Dez Mandamentos, as Escrituras dizem que "a pele do seu rosto resplandecia, depois de haver Deus falado com ele". Esse brilho foi observado por outros, o que é comprovado pelo fato de Moisés ter colocado "um véu sobre o rosto"[3].

O toque de Jesus enquanto estava na terra

Tocando e segurando crianças

Quando estudamos a vida de Jesus, o vemos falando a linguagem do amor por meio do toque físico em muitas ocasiões. O Evangelho de Marcos relata que, enquanto Jesus ensinava, nas cidades por onde passava, as pessoas traziam até ele "crianças para que as tocasse"[4]. Os doze discípulos que Jesus havia escolhido repreenderam o povo, achando que Jesus estava ocupado demais para dar atenção a crianças, mas Jesus disse: "Em verdade vos digo: Quem não receber o reino de Deus como uma criança de maneira nenhuma entrará nele". O relato de Marcos continua dizendo: "Então, tomando-as nos braços e impondo-lhes as mãos, as abençoava"[5].

Obviamente, esse não foi um acontecimento isolado, uma vez que as pessoas levavam os filhos a Jesus para serem tocadas e abençoadas. Ao que parece, ele fazia isso em cada cidade que visitava.

Tocando e curando

Com freqüência, enquanto realizava milagres, Jesus tocava a pessoa. Quando curou o homem cego de nascença, é interessante notar que o homem se lembrou exatamente de como Jesus fez. Quando lhe perguntaram: "Como te foram abertos os olhos?", ele respondeu: "O homem chamado Jesus fez lodo, untou-me os olhos e disse-me: Vai ao tanque de Siloé e lava-te. Então, fui, lavei-me e estou vendo"[6].

Mateus relata que, certa ocasião, "um leproso, tendo-se aproximado, adorou-o, dizendo: Senhor, se quiseres, podes purificar-me. E Jesus, estendo a mão, tocou-lhe, dizendo. Quero, fica limpo! E imediatamente ele ficou limpo da sua lepra". Mais tarde, naquele mesmo dia, ao entrar na vila de Cafarnaum, Jesus ficou sabendo que a sogra de Pedro estava doente, com uma febre. "Jesus tomou-a pela mão, e a febre a deixou. Ela se levantou e passou a servi-lo"[7].

Alguns dias depois, em outra vila, Jesus encontrou dois cegos que o seguiram clamando: "Tem compaixão de nós, Filho de Davi! [...] Então lhes tocou os olhos, dizendo: Faça-se conforme a vossa fé. E abriram-se-lhe os olhos"[8].

Jesus também expressou a linguagem do amor pelo toque aos seus doze discípulos. Enquanto Pedro, Tiago e João estavam na montanha com Jesus, sua aparência passou por uma transformação maravilhosa. Os três Evangelhos registram esse acontecimento, chamado com freqüência de transfiguração. Conforme as palavras de Mateus:

> *O seu rosto resplandecia como o sol, e as suas vestes tornaram-se brancas como a luz. E eis que lhes apareceram Moisés e Elias, falando com ele.*
>
> *[...] Uma nuvem luminosa os envolveu; e eis, vindo da nuvem, uma voz que dizia: Este é o meu Filho amado, em quem me comprazo: a ele ouvi.*
>
> *Ouvindo-a os discípulos, caíram de bruços, tomados de grande medo. Aproximando-se deles, tocou-lhes Jesus, dizendo: Erguei-vos e não temais!*
>
> *Então, eles, levantando os olhos, a ninguém viram, senão Jesus*[9].

Lavando os pés

Uma das experiências mais profundas na qual Jesus tocou os doze discípulos é registrada pelo apóstolo João. O que torna esse acontecimento tão importante é o fato de João apresentar, antes do relato, a intenção de Jesus.

> *Ora, antes da Festa da Páscoa, sabendo Jesus que era chegada a sua hora de passar deste mundo para o Pai, tendo amado os seus que estavam no mundo, amou-os até ao fim.*
>
> *Durante a ceia, tendo já o Diabo posto no coração de Judas Iscariotes, filho de Simão, que traísse a Jesus, sabendo este que o Pai tudo confiara às suas mãos, e que ele viera de Deus, e voltava para Deus, levantou-se da ceia, tirou a vestimenta de cima e, tomando uma toalha, cingiu-se com ela*[10].

Em seguida, João descreve o que Jesus fez: encheu uma bacia com água e começou a lavar os pés dos discípulos. Então, secou os pés de cada um com a toalha. Quando havia terminado, Jesus vestiu-se novamente e voltou para o seu lugar. Finalmente, explicou o que havia feito.

> *Compreendeis o que vos fiz? Vós me chamais o Mestre e o Senhor, e dizeis bem; porque eu o sou. Ora, se eu, sendo o Senhor e o*

Mestre, vos lavei os pés, também vós deveis lavar os pés uns dos outros. Porque eu vos dei o exemplo, para que, como eu vos fiz, façais vós também [...] Ora, se sabeis estas coisas, bem-aventurados sois se as praticardes[11].

Falando duas linguagens do amor

Nesse episódio, Jesus usou duas das cinco linguagens do amor: gestos de serviço e toque físico. No tempo de Jesus, era uma prática comum, quando os convidados chegavam para uma refeição, seus pés fossem lavados por um servo da casa. Jesus assumiu o papel do servo e, de modo amoroso, lavou os pés de seus discípulos. Sem dúvida, o toque de suas mãos foi revigorante e restaurador.

Os verdadeiros seguidores de Cristo têm servido e tocado em seu nome ao longo dos séculos. Concordam com a resposta de Madre Teresa, quando alguém lhe disse que não tocaria num leproso nem por um milhão de dólares.

— Nem eu — disse ela. — Se a questão fosse dinheiro, não o faria nem por dois milhões de dólares. Por outro lado, faço isso com alegria por amor a Deus[12].

A igreja primitiva e a linguagem do toque físico

Mais toques e curas

O livro de Atos, no Novo Testamento, é a história daquilo que Deus fez por intermédio dos primeiros cristãos, à medida que deram continuidade ao ministério de Jesus de tocar, de curar e de servir. Aqui está um exemplo. Uma tarde, Pedro e João estavam subindo ao templo para orar. Na porta do templo, encontraram um homem que era coxo de nascença. Quando estavam prestes a passar pela porta, o homem pediu uma esmola. Pedro respondeu:

Não possuo nem prata nem ouro, mas o que tenho, isso te dou: em nome de Jesus Cristo, o Nazareno, anda! E, tomando-o pela

> *mão direita, o levantou; imediatamente, os seus pés e artelhos se firmaram; de um salto se pôs em pé, passou a andar e entrou com eles no templo, saltando e louvando a Deus. Viu-o todo o povo a andar e a louvar a Deus, e reconheceram ser ele o mesmo que esmolava, assentando à Porta Formosa do templo; e se encheram de admiração e assombro, por isso que lhe acontecera*[13].

Tendo sido tocado por Deus por meio das mãos de Pedro e de João, o homem coxo retribuiu seu amor ao abraçar os dois discípulos. A multidão atônita reuniu-se, e Pedro disse: "Israelitas, porque vos maravilhais disto ou por que fitais os olhos em nós como se pelo nosso próprio poder ou piedade o tivéssemos feito andar? O Deus de Abraão, de Isaque e de Jacó, o Deus de nossos pais, glorificou a seu Servo Jesus". Pedro passou, então, a descrever a morte do "Santo" e "Justo" e explicou que "Deus [o] ressuscitou dentre os mortos". Em seguida, acrescentou: "Pela fé em o nome de Jesus, é que esse mesmo nome fortaleceu a este homem que agora vedes e reconheceis; sim, a fé que vem por meio de Jesus deu a este saúde perfeita na presença de todos vós"[14].

O toque e o relacionamento com Deus

Esses toques de cura, tanto da parte de Jesus como da de seus seguidores, não se detinham na cura do corpo. O milagre físico servia para corroborar o que Jesus afirmava e para levar os seres humanos a reagir ao amor dele, estabelecendo um relacionamento eterno com Deus. Isso fica evidente nas palavras de Pedro, ditas depois que o homem coxo foi curado. Ao observar que eles haviam concordado com a morte de Cristo, Pedro explicou que a morte de Jesus cumpriu as palavras do profeta: "que o seu Cristo havia de padecer". Então, Pedro instou seus ouvintes dizendo: "Arrependei-vos, pois, e convertei-vos para serem cancelados os vossos pecados, a fim de que, da presença do Senhor, venham tempos de refrigério, e que envie ele o Cristo, que já vos foi designado, Jesus, ao qual é necessário que o céu receba até aos tempos da restauração de todas as coisas"[15].

Pedro os estava conclamando a uma resposta ao amor de Deus. O toque de Deus, que curou cegos, fez com que coxos andassem e libertou Nicholas do vício das drogas, tem sempre como propósito ajudar as pessoas a se relacionarem com Deus.

Cegando (e curando) um cético

No primeiro século, assim como nos dias dia hoje, existiam aqueles que não acreditavam nas pessoas que afirmavam ter sido "tocadas por Deus". No entanto, os maiores céticos tornam-se os maiores crentes quando tocados por Deus. Um exemplo é Saulo de Tarso. Ele foi um homem de grande zelo religioso do primeiro século, cuja intenção era eliminar aqueles que considerava membros de uma seita herege, que afirmava ser Jesus de Nazaré o Messias. Saulo estava a caminho da cidade de Damasco levando em sua bolsa documentos oficiais para prender e levar de volta a Jerusalém qualquer um que estivesse ensinado essa heresia.

No entanto, ao aproximar-se de Damasco, uma luz brilhante do céu envolveu-o. Aturdido, Saulo caiu ao chão. O livro de Atos descreve o que aconteceu em seguida.

> *[...] Ouviu uma voz que lhe dizia: Saulo, Saulo, por que me persegues?*
>
> *Ele perguntou: Quem és tu, Senhor? E a resposta foi: Eu sou Jesus, a quem tu persegues; mas levanta-te, e entra na cidade, onde te dirão o que te convém fazer.*
>
> *Os seus companheiros de viagem pararam emudecidos, ouvindo a voz, não vendo, contudo, ninguém. Então, se levantou Saulo da terra e, abrindo os olhos, nada podia ver. E, guiando-o pela mão, levaram-no para Damasco. Esteve três dias sem ver, durante os quais nada comeu, nem bebeu.*[16]

É evidente que Saulo havia sido tocado por Deus. Passados três dias, Deus enviou um homem chamado Ananias à casa onde Saulo estava hospedado. "Então, Ananias foi e, entrando na casa, impôs sobre ele

[Paulo] as mãos, dizendo: Saulo, irmão, o senhor me enviou, a saber, o próprio Jesus que te apareceu no caminho por onde vinhas, para que recuperes a vista e fiques cheio do Espírito Santo. Imediatamente, lhe caíram dos olhos como que umas escamas, e tornou a ver. A seguir, levantou-se e foi batizado. E, depois de ter-se alimentado, sentiu-se fortalecido"[17].

A vida de Saulo nunca mais foi a mesma. Passou vários dias com os crentes em Damasco e "logo pregava, nas sinagogas, a Jesus, afirmando que este é o Filho de Deus. Ora, todos os que o ouviam estavam atônitos e diziam: Não é este o que exterminava em Jerusalém aos que invocavam o nome de Jesus [...]?

[...] Saulo, porém, mais e mais se fortalecia e confundia os judeus que moravam em Damasco, demonstrando que Jesus é o Cristo"[18].

Saulo (que viria a tornar-se o apóstolo Paulo) passou o resto de sua vida procurando convencer judeus e gentios de que Jesus era, de fato, o Filho de Deus. Leia o livro de Atos no Novo Testamento e você o verá sendo espancado, encarcerado e, com freqüência, ameaçado de morte, mas nada abatia o espírito desse homem que havia sido tocado por Deus.

Desde o primeiro século, milhares de homens e mulheres afirmam ter sido tocados por Deus. Estes, por sua vez, tocaram outros como representantes de Cristo. Trabalham em hospitais dando banho e refrescando pessoas com febre. Você os encontrará em ministérios de assistência social ajoelhados ao lado dos sem-teto, com um braço sobre o ombro de uma pessoa carente. São os que dão boas-vindas a todos na porta de sua igreja. São as pessoas que, com um sorriso, oferecem-lhe a mão e dão um firme "tapinha nas costas" daqueles que entram na casa do Senhor. São os canais do amor de Deus falando fluentemente a linguagem do amor do toque físico.

Capítulo sete

Descobrindo sua principal linguagem do amor

"Como eu te amo? Deixe-me contar de quantas maneiras o faço."

Quando Elizabeth Barret Browning fez essa pergunta e a respondeu em seu *Soneto 42*, deixou implícito que as maneiras de expressar amor são limitadas apenas pela criatividade humana. É claro que Browning tinha razão e, quando um homem e uma mulher estão no estado obsessivo da paixão, podem ser extremamente criativos.

Rosana, a esposa de um fazendeiro, certa vez me contou sobre o convite de seu marido para tirar a tarde de folga e fazer um vôo com ele. Ela sabia que o marido não era piloto e perguntou:

— Como assim?

— Jim e eu estávamos voando um dia desses e vi algo que quero lhe mostrar. Por ser de natureza aventureira, ela concordou.

Depois de um vôo panorâmico sobre o município, voltaram para sobrevoar a fazenda. Jim inclinou o avião, e o marido de Rosana apontou para os campos de trigo lá embaixo, onde ela viu escritas claramente as palavras: "Te amo, Rosana". Alguns meses antes, seu marido havia cuidadosamente semeado no meio do campo de modo a formar essas letras, sabendo que, uma vez que o trigo tivesse brotado, as palavras poderiam ser vistas do alto. Sem dúvida, o ser humano é criativo, e há milhares de maneiras de expressar amor.

Maneiras previsíveis de dizer "te amo"

No entanto, ao longo da vida diária, a maioria de nós não é tão criativa. Nossas expressões de amor tendem a ficar dentro de padrões previsíveis, e esses padrões são grandemente influenciados por nossa principal linguagem do amor. Lembre que, das cinco linguagens do amor, uma delas fala a cada um de nós de modo mais profundo do que as outras quatro; essa é nossa principal linguagem do amor. Assim, se você é casada e a principal linguagem do amor de seu marido consiste em palavras de elogio, fale essa linguagem com freqüência; assim, o reservatório de amor dele ficará abastecido, e ele se sentirá seguro de seu amor. Caso sua principal linguagem do amor consista em gestos de serviço e seu marido fale essa linguagem constantemente, seu reservatório de amor ficará abastecido, e você se sentirá segura do amor dele. Se, porém, seu marido não falar a linguagem do amor dos gestos de serviço e você não falar palavras de elogio, nenhum de vocês terá um reservatório de amor abastecido, mesmo que usem algumas das outras quatro linguagens.

É por isso que casais podem se amar com sinceridade e não ter uma ligação emocional. O problema não é falta de sinceridade, mas sim que não estão falando a principal linguagem do amor um do outro.

Se fazemos simplesmente aquilo que nos ocorre com naturalidade, a tendência será falar apenas em nossa própria linguagem do amor. Se minha principal linguagem do amor consiste em palavras de elogio, então estarei mais propenso a usar palavras para expressar meu amor por minha esposa. Estou lhe dedicando aquilo que *me* faria sentir extremamente amado. No entanto, se essa não é a principal linguagem do amor dela, as palavras não terão para ela o mesmo significado que para mim. A maior parte de minha criatividade será usada para encontrar várias formas verbais de expressar meu amor por ela. Posso escrever pequenas cartas de amor e deixar em lugares inesperados. Posso pedir à estação de rádio da cidade para tocar sua música favorita. Posso até escrever as palavras "Te Amo" nunca campo de trigo, mas meus esforços para expressar meu amor terão a tendência de concentrar-se no uso de palavras de elogio. Por outro lado, se a linguagem do amor de minha esposa consiste em gestos de serviço, ela será capaz de descobrir uma dúzia de maneiras de me servir, considerando todas elas profundas expressões de amor.

O Deus que lhe dá um aperto de mão

A mesma tendência vale para receber e retribuir o amor de Deus. Em termos teóricos, posso concordar que Deus expressa seu amor por mim de milhares de maneiras, mas, por experiência, sinto-me mais profundamente amado quando percebo que Deus está falando minha principal linguagem do amor.

Algumas semanas atrás, entrei em meu escritório na segunda-feira de manhã e vi que minha secretária havia feito para mim uma cópia de um bilhete colocado no prato de coleta das ofertas de nossa igreja no dia anterior. Dizia simplesmente:

> Para:
> A igreja que me dá um aperto de mão.
> De:
> Michael Curlee
> Idade: 5 anos

O bilhete não fazia qualquer menção dos cânticos, do sermão, das ofertas, dos programas especiais ou dos vitrais. Para Michael, a igreja é "alguém que lhe dá um aperto de mão". A principal linguagem do amor de Michael é o toque físico. Não sei se Michael relacionou

Deus com os ajudantes de Deus que trabalham na igreja, mas posso prever que mais cedo ou mais tarde irá fazê-lo. Algum dia, Deus irá apertar a mão de Michael e abraçá-lo, e Michael estabelecerá seu relacionamento com Deus.

Retribuindo o amor de Deus em nossa linguagem

Assim também, quando retribuímos o amor de Deus, nossa tendência é expressar o que sentimos usando nossa principal linguagem do amor. A primeira vez que vi Fred foi em Houston. Ele estava cuidando do sistema de som para um congresso nacional de atletas profissionais. Eu havia dado minha palestra sobre *As cinco linguagens do amor* no dia anterior. Durante um dos intervalos, Fred me abordou e disse:

— Sua palestra sobre *As cinco linguagens do amor* me ajudou a entender meu casamento. Minha linguagem do amor é o toque físico e a linguagem do amor de minha esposa consiste em gestos de serviço. Para ser sincero, não estávamos nos saindo muito bem em falar a linguagem um do outro. Na verdade, percebi isso há algum tempo. Sabia que ela reclamava do fato de eu não ajudá-la em casa. Também sentia que, com freqüência, ela se afastava quando eu tentava beijá-la ou abraçá-la. Agora entendo por quê. Nós dois estamos com o reservatório de amor vazio. Não vejo a hora de chegar em casa e dar um susto em minha esposa lavando a louça, passando aspirador e arrumando as camas. Você acha que se eu começar a falar a linguagem dela, ela vai passar a falar a minha?

— Não posso garantir — disse eu —, mas devo lhe dizer que essa é a melhor coisa que você pode fazer para melhorar seu casamento. Quando sua esposa começar a notar que você está falando a principal linguagem do amor dela, então é bem provável que ela desenvolva mais afeto por você e que, mais cedo ou mais tarde, retribua esse amor.

Algum tempo depois, tive numa conversa mais longa com Fred, na qual discutimos questões espirituais. Descobri que Fred havia se tornado um seguidor de Cristo há mais ou menos três anos atrás e passou a ser muito ativo numa igreja de perfil mais moderno.

— Nunca liguei muito para Deus — disse ele, — e a igreja sempre me chateava. Mas um amigo me convidou para ir a uma igreja nova. Era o máximo! Na primeira noite que estive lá, senti a presença de Deus. No segundo culto que participei, senti-me tomado pela presença de Deus. Antes de poder dizer o que estava acontecendo, vi que estava na frente da igreja, chorando no altar. Naquela noite, pedi a Deus que entrasse em minha vida e que me perdoasse por meu passado. Foi a noite mais maravilhosa que tive desde que me conheço por gente.

Ao conversar com Fred sobre o que havia acontecido desde aquele dia, acabei perguntando:

— De que modo você demonstra amor a Deus?

— Gosto mesmo é de cânticos de louvor. Quando estou cantando, estendo minha mão e toco o Senhor. Fico todo arrepiado — respondeu. — É o que me fala mais profundamente. É como se Deus estivesse por toda parte, me envolvendo todo na adoração a ele.

— Pelo jeito, sua principal linguagem do amor é o toque físico — comentei.

Fred ficou quieto por um instante e, então, seu rosto se abriu num sorriso.

— Nunca havia pensado nesses termos, mas você tem razão. Minhas emoções são tocadas e sinto a presença de Deus desse jeito, e é assim que abasteço meu reservatório de amor. Sinto que poderia adorar a Deus para sempre.

Fred estava confirmando minha premissa de que a forma como um indivíduo adora ou a maneira como expressa amor a Deus é fortemente influenciada pela principal linguagem do amor dessa pessoa. Podemos e devemos aprender a falar outras linguagem do amor; discutiremos essa questão mais adiante. No entanto, a maneira mais natural de você expressar amor a Deus é falando sua principal linguagem do amor.

Três perguntas-chave

Como descobrimos, então, qual é nossa principal linguagem do amor? Nos relacionamentos humanos, tenho sugerido muitas vezes a seguinte abordagem. Pergunte-se três coisas. Em primeiro lugar: *De que modo expresso meu amor pelos outros com mais freqüência?* Se você normalmente usa palavras de elogio, afirmação e amor, é bem provável que sua principal linguagem do amor consista em palavras de elogio. Você está dando a outros aquilo que você mesmo gostaria de receber. Se você está sempre dando tapinhas nas costas dos outros, colocando a mão no ombro das pessoas ou abraçando-as quando a ocasião é apropriada, então pode ser que sua principal linguagem do amor seja o toque físico.

Em segundo lugar, pergunte-se: *Do que me queixo com mais freqüência?* As queixas revelam sua necessidade emocional interior de amor. A esposa que diz:

— Não passamos mais nenhum tempo juntos...

Demonstra que o tempo exclusivo é sua principal linguagem do amor. O marido que diz:

— Sinto como se você não me amasse mais. Se eu não tomo a iniciativa de beijá-la, acho que você nunca iria me beijar.

Suas queixas revelam que a principal linguagem do amor dele é o toque físico. A criança que reclama:

— Você não trouxe nada para mim de sua viagem...

Está lhe dizendo que sua principal linguagem do amor consiste em presentes.

Em terceiro lugar, pergunte-se: *O que peço com mais freqüência?* A esposa que pergunta:

— Será que a gente pode dar uma caminhada hoje à noite depois do jantar?

Está pedindo tempo exclusivo. Se ela faz pedidos como esses com freqüência, demonstra que sua principal linguagem do amor consiste em tempo exclusivo. Nossa tendência é pedir dos outros aquilo que preenche nossas necessidades emocionais mais profundas de amor.

Se você responder essas perguntas, é bem provável que descubra sua principal linguagem do amor nas relações humanas.

Três perguntas sobre seu relacionamento com Deus

Ao descobrir sua principal linguagem do amor nos relacionamentos humanos, pode concluir que essa também seja sua principal linguagem do amor em seu relacionamento com Deus. No entanto, se você quer ter certeza, responda as mesmas três perguntas. Em primeiro lugar: *Como expresso com mais freqüência meu amor a Deus*? Se, depois de refletir, você perceber que é o tipo de pessoa que se oferece como voluntária quando um líder da igreja pergunta quem poderia preparar uma refeição e levá-la para uma família em necessidade, você está mostrando que sua principal linguagem do amor consiste em gestos de serviço. Você acredita, de modo muito sincero, que quando está servindo outros serve a Deus. Também lhe comove profundamente ler sobre a vida de Jesus e vê-lo curando os enfermos, alimentando os pobres e lavando os pés de seus discípulos. É a natureza de serviço de Cristo que cativa você de modo mais profundo e que o atrai para junto de Deus.

A resposta da pessoa ao seu lado pode ser completamente diferente. Talvez diga:

— Sinto-me mais próxima de Deus e que o estou honrando mais por meio de minha meditação diária. Todo dia, acordo mais cedo para poder passar tempo com Deus. É o ponto alto do meu dia. Sei que Deus fala comigo enquanto leio as Escrituras e que posso falar com ele em oração. Trata-se de uma conversa diária com Deus. É a mesma coisa que gosto de fazer com meu marido quando ele chega em casa do trabalho, no fim do dia. Para essa pessoa, o tempo exclusivo é sua principal linguagem do amor.

A segunda pergunta também pode ser bastante reveladora: *Do que me queixo com mais freqüência a respeito de Deus?* Suponhamos que sua queixa seja: "Deus, sinto como se tivesses me abandonado. Não me sinto próximo de ti. Costumava ler tua Palavra e chorar. Agora, são apenas palavras numa página... Na igreja, costumava sentir tua presença quando cantava, mas agora parece algo que faço automaticamente. O que está errado?" Essa queixa provavelmente mostra que sua principal linguagem do amor é o toque físico. É o que Fred chamou de "presença manifesta de Deus". Ele sente que Deus o toca, não apenas espiritualmente, mas também em seu corpo; ele sente a presença de Deus.

Esse "toque" pode ser revelado por lágrimas, por arrepios ou tremores. É por meio dessas experiências espiritual e física que Fred tem consciência absoluta do amor de Deus, e é nessas experiências que ele expressa seu amor a Deus.

Por outro lado, talvez você se queixe dizendo: "Senhor, parece que tu não me abençoas mais... Durante algum tempo, toda vez que eu olhava em volta, tu me cobrias de bênçãos. Agora, mal posso pagar as contas! Parece que estou prestes a perder o emprego e nosso bebê está doente. Não entendo...". Se essa é sua queixa, sua principal linguagem do amor provavelmente é a linguagem dos presentes. Quando você estava recebendo as dádivas de trabalho, dinheiro e saúde, sentia-se amado por Deus. Ao vivenciar a privação dessas coisas, você sente que Deus não o ama.

E aquela pessoa que reclama que os sermões do pastor são longos e sem sentido? Sua principal linguagem do amor provavelmente é a de palavras de elogio. Pelo fato de não ouvir o pastor dizer nada significativo para ela, tal pessoa não sente o amor de Deus por meio do sermão. Nossas queixas, muitas vezes, revelam nossa principal linguagem do amor.

A terceira pergunta: *O que você pede a Deus com mais freqüência?* também pode confirmar sua principal linguagem do amor. Preste atenção em suas orações, especialmente nos pedidos que você faz, e é possível que descubra qual é sua principal linguagem do amor. Bob ora com mais freqüência pedindo sabedoria e reconhece que sua principal linguagem do amor é a de palavras de elogio.

— Ao ler a literatura de sabedoria do Antigo Testamento, especialmente o livro de Provérbios, sinto que estou perto do coração de Deus. Sempre que o Espírito Santo me mostra como aplicar a sabedoria da Bíblia à minha vida pessoal, creio que Deus dedica atenção pessoal a mim e, desse modo, sinto-me profundamente amado e grato.

Mary ora com mais freqüência pela saúde de seus filhos e para que Deus supra as necessidades financeiras da família. Ela reconhece que receber presentes é sua principal linguagem do amor. Quando Deus responde suas orações, sente-se extremamente amada por ele. A oração que Randall mais faz é: "Senhor, quero sentir tua presença. Quero conhecer teu poder. Quero sentir tua mão sobre mim. Quero ser ungido por teu espírito". Quando Deus responde sua oração, ele experimenta a presença dele de tal forma que o afeta física e emocionalmente; sente o amor de Deus em nível muito profundo e retribui levantando as mãos e derramando lágrimas; já aconteceu até de dançar na presença do Senhor. O toque físico é sua linguagem do amor.

A principal linguagem do amor de Doris é o tempo exclusivo e sua oração mais freqüente é: "Senhor, ajuda-me a encontrar tempo para ficar a sós contigo. Minha vida é tão cheia de atividades e responsabilidades. Mais do que qualquer coisa, desejo passar tempo com o Senhor. Ajuda-me a achar tempo". Sua irmã Janice, faz uma oração muito diferente: "Senhor, ajuda-me a ter tempo de trabalhar na distribuição de alimentos aos pobres. Quero servir a outros em teu nome. Ajuda-me a ter tempo para realizar o ministério que se encontra em meu coração". Os gestos de serviço são sua principal linguagem do amor.

A maioria das pessoas consegue identificar sua principal linguagem do amor ao responder as três perguntas acima. A maioria também descobre que sua principal linguagem do amor é a mesma tanto para relacionamentos com outras pessoas como para seu relacionamento com Deus.

Desse modo, conhecer sua linguagem do amor afeta seu relacionamento com Deus e com os outros

A pergunta lógica é: "De que modo o fato de entender qual é minha principal linguagem do amor afeta meu relacionamento com Deus e com os outros?". Deixe-me sugerir as seguintes conseqüências:

1. Melhor compreensão de si mesmo

Conhecer a principal linguagem do amor traz maior compreensão de si mesmo.

— Sei o motivo pelo qual minha meditação diária com Deus é tão importante para mim — disse um homem que chamarei de Davi. — Minha linguagem do amor é o tempo exclusivo. Não há nada mais importante em minha vida do que os trinta minutos que passo com Deus toda as manhãs. Tem gente que diz que fazer uma devocional diária requer um bocado de disciplina. Comigo esse nunca foi o caso. Praticamente não exige disciplina nenhuma. Para mim, é mais importante do que tomar o café da manhã. É nesse período que encontro forças para o dia. Acredito que se trata de um privilégio passar tempo ouvindo o que Deus tem dizer e compartilhando com ele meus próprios pensamentos e sentimentos. É isso que mantém vivo meu relacionamento com Deus.

Por que é tão fácil para ele e tão difícil para muitos outros manter a constância de uma meditação diária com Deus? Porque o tempo exclusivo é a principal linguagem do amor de Davi. Para ele, essa é a maneira mais significativa e natural de receber e retribuir o amor de Deus.

Beth é solteira, é mãe e tem vinte e cinco anos de idade. Depois de participar de um *workshop* sobre *As linguagens do amor de Deus* ela disse:

— Agora entendo por que a leitura de livros devocionais é tão importante para mim. Minha linguagem do amor é a de palavras de elogio. Quase todas as manhãs, quando leio os comentário do autor da devocional, encontro uma palavra ou idéia que me toca profundamente e que me dá incentivo e forças para cumprir minhas responsabilidades. As palavras são como alimento para minha alma. É por isso, também, que tenho três ou quatro fitas com músicas que escuto todos os dias no carro, a caminho do trabalho. Quando ouço que "Ele é minha Rocha e minha Salvação; a quem temerei?", sinto como se pudesse conquistar o mundo. Sei que Deus está comigo. São as palavras desses cânticos que me dão certeza de que o Senhor me ama.

Mais tarde, enquanto conversávamos, Beth disse;

— Agora entendo por que entoar cânticos de adoração a Deus é tão importante para mim. Sinto que as palavras expressam melhor do que qualquer outra coisa a gratidão de meu coração e meu amor a Deus.

Conheci Roger numa igreja em Cingapura. Estava empolgado com sua fé e com a reunião de oração semanal que tinha com outros homens.

— Em nossa igreja, temos uma reunião de oração no domingo de manhã antes do culto. Um pequeno grupo de homens reúne-se para orar uns pelos outros e pelo culto. Um homem coloca-se de joelhos, enquanto os outros põem-se ao seu redor com uma das mãos sobre seu ombro e oram por ele. Quando colocam as mãos em meu ombro e oram por mim, é como se Deus estivesse pondo sua mão sobre meus ombros. É o ponto alto da minha semana. Em momento algum sinto-me mais próximo de Deus do que quando aqueles irmãos estão orando por mim. É como uma corrente elétrica que percorre meu corpo enquanto oram. Estou preparado não apenas para o culto, mas também para mais uma semana dedicada a amar a Deus. Agora entendo por que isso é tão importante para mim. Minha linguagem do amor consiste no toque físico. Por meio desses irmãos, o Senhor está me tocando, e sinto sua presença. Às vezes, não posso ir ao culto da manhã por causa do meu serviço, mas faria qualquer coisa para não perder essa reunião de oração!

É possível que outras pessoas se sentissem pouco à vontade numa reunião de oração desse tipo. Participar com regularidade de uma reunião assim acabaria tornando-se um peso, mas não é o que acontece com Roger. O toque físico é sua principal linguagem do amor, e é nessas reuniões que ele sente o toque de Deus. Se você conhece sua principal linguagem do amor, então é capaz de compreender o motivo de certos aspectos de seu relacionamento com Deus parecerem tão naturais e falarem tão profundamente à sua alma.

2. Melhor compreensão e capacidade de ajudar outros em sua caminhada

Existe outro benefício. Quem conhece sua principal linguagem do amor, será capaz de compreender melhor outras pessoas que realizam sua caminhada espiritual de forma diferente da sua. Roger deixou esse fato perfeitamente claro durante nossa conversa. Explicou que sua esposa não gostava muito da idéia de ele freqüentar reuniões de oração tão cedo no domingo.

— Ela não entendia como isso era importante para mim até que discutimos o conceito de linguagens do amor. Devo confessar que isso também me ajudou a compreendê-la melhor. Eu a criticava por ela não participar da reunião de oração das mulheres. Achava que, se ela realmente amava a Deus, iria querer participar da reunião. Depois de ler seu livro, descobri que a principal linguagem do amor de minha esposa é o tempo exclusivo. Todo dia, ela passa quarenta e cinco minutos orando e meditando sobre as Escrituras. Sempre a admirei por isso. Quando nosso pastor nos desafiava a passar mais tempo com Deus diariamente, eu sempre me sentia culpado, pois sabia que minha esposa fazia isso muito mais do que eu. Agora entendo como é tão difícil para mim e tão fácil para ela. O tempo exclusivo é a sua principal linguagem do amor. O amor que ela recebe de Deus e que lhe dedica em seu tempo diário é o que recebo no domingo de manhã, quando Deus me toca. Entendi, finalmente, que as duas formas de receber amor de Deus e de expressar amor por ele são válidas. Minha esposa não me critica mais por freqüentar as reuniões de oração matinais. Agora, ela entendeu como são importantes para o meu relacionamento com Deus.

Fica evidente que conhecer a linguagem do amor de alguém pode ser de grande ajuda para compreender como essa pessoa caminha com Deus. É especialmente útil para entender o relacionamento de seu cônjuge com Deus.

Madalena era uma mulher alegre que, acredito, estava na casa dos cinqüenta (apesar de saber que é sempre perigoso adivinhar a idade de uma mulher). Ela me disse:

— Quero agradecer ao senhor por me ajudar a entender meu marido. Durante anos, reclamei sobre o dinheiro ele dá a qualquer um que pede, até mesmo a pessoas que ficam nos semáforos... Eu costumava dizer: "Você está dando dinheiro para eles gastarem com bebida...", e ele retrucava: "Mas podem estar com fome..." "Provavelmente, faz doações para umas setenta e cinco organizações cristãs ao redor do mundo. E não é só esporadicamente; é todo mês. O canhoto de nosso talão de cheques parece um catálogo de instituições religiosas. Certa vez eu lhe disse: "Se fazer doações levar alguém para o céu, então você vai morar numa enorme mansão quando chegar lá". Ele respondeu: "Ninguém vai para o céu por suas ofertas, mas sim ao aceitar a dádiva de vida eterna que Deus nos concedeu por intermédio de Jesus Cristo. Não estou fazendo isso para ir para o céu. Estou contribuindo porque vou para o céu e, enquanto estou a caminho, quero mostrar aos outros o amor de Deus". Sabia em meu coração que ele estava certo, mas sempre me pareceu um exagero. Agora que descobri sobre as cinco linguagens do amor, compreendo meu marido. Dar presentes é sua principal linguagem do amor. Ele ama Jesus com todo seu ser. Sua maior alegria é contribuir para as causas de Cristo ao redor do mundo.

— Ele também lhe dá presentes? — perguntei.

— O tempo todo! — ela exclamou. — Quanto a isso, nunca pude reclamar de nada, apesar de, em certas ocasiões, também achar que ele havia exagerado. Agora, só aceito seus presentes e agradeço.

Mais tarde, perguntei a Madalena:

—Você também dá vários presentes para ele?

— É interessante o senhor me perguntar isso — disse ela. — Depois que lemos e discutimos seu livro, eu disse a ele: "Em todos esses anos, eu não lhe dei muitos presentes. Você sente que eu te amo?" Sua resposta foi: "Madalena, minha querida, você me concedeu a dádiva da sua presença, a dádiva do seu compromisso, a dádiva de sua beleza, a dádiva de três filhos, a dádiva de centenas de refeições, a dádiva de seu encorajamento". Ele continuou falando. Para ele, tudo é um presente.

— Se estou certo, acredito que sua principal linguagem do amor não consiste de presentes, não é?

— Sem dúvida — disse ela. — Minha linguagem do amor é de palavras de elogio. Desde que lemos seu livro, meu marido passou a falar muito melhor minha linguagem. Antes, ele achava que dar presentes resolvia tudo. Agora, ele entende que somos diferentes. Ele sempre me deu um bocado de afirmação verbal, mas está ficando um especialista em falar minha linguagem. A maior diferença, porém, é que parei de reclamar sobre todas as contribuições que ele faz. Sei que essa é a maneira que ele tem de amar a Deus, e é um grande privilégio ser casada com um homem como ele.

A atitude de Madalena mudou quando ela compreendeu qual era a principal linguagem do amor de seu marido.

As linguagens do amor em ação

Na rodovia Blue Ridge

Alguns anos atrás, minha esposa e eu estávamos viajando na rodovia Blue Ridge nas montanhas do estado da Carolina do Norte. Tínhamos parado em uma das lojas que vendiam artesanato da região. Dei uma volta pela loja e saí, enquanto ela continuava a olhar. Na varanda da loja, havia algumas cadeiras de balanço. Sentei numa delas e comecei a balançar. O homem sentado ao meu lado era bem amigável e começamos a conversar quase de imediato. Quando ele descobriu que eu trabalhava com aconselhamento numa igreja, disse:

— Quero lhe perguntar uma coisa. Tenho um cunhado que vai a uma dessas igrejas meio fanáticas. O que você acha dessas igrejas? São sérias?

Não querendo dar uma resposta antes de ter entendido completamente a pergunta, indaguei:

— Que tipo de igreja exatamente ele freqüenta?

— Bem, ele diz que é uma igreja batista, mas nunca vi uma igreja batista como aquela.

— Você já visitou a igreja do seu cunhado? — perguntei.

— Uma vez — disse ele — e prometi a mim mesmo que jamais voltaria lá.

Pedi que ele a descrevesse.

— Bem, eles cantam essas músicas *gospel* e todo mundo se anima e grita. Que coisa, eles correm para cima e para baixo no meio da igreja. Dizem: "Aleluia, glória ao Senhor". Uma senhora ficava abanando um lenço branco, chorando e dizendo: "Obrigada Jesus! Obrigada, Jesus!" Meu cunhado levantou as duas mãos e dançou no corredor. Era como se estivesse num transe ou algo do gênero. Jamais havia presenciado uma coisa dessas.

— Você já conversou com seu cunhado sobre aquilo que ele crê? — perguntei.

— Sim — respondeu o homem. — Na verdade, temos opiniões parecidas sobre quase todas as coisas. Ele crê na Bíblia; crê que Jesus é o Filho de Deus e que chegamos ao céu pela fé na morte e ressurreição de Cristo. Também sou batista e acreditamos nas mesmas coisas. Só que o estilo de culto dele é tão diferente do meu! Para mim, aquilo é emoção demais. Não consigo entender.

A essa altura, minha esposa havia saído da loja, e eu sabia que ela não estava interessada em ficar me escutando por uma hora enquanto eu conversava sobre religião com um desconhecido. Assim, disse a ele:

— Acho que entendo seu cunhado, mas não tenho tempo para explicar agora.

Fui até o carro e peguei uma cópia do meu livro *As cinco linguagens do amor* e dei para ele.

— Esse é um livro que escrevi. Não trata de religião. Na verdade, é sobre o casamento, mas acho que vai ajudá-lo a entender seu cunhado.

Dei-lhe o meu cartão e disse:

— Depois que ler o livro, ligue para mim se tiver alguma coisa a comentar. Ele agradeceu pelo livro, e Karolyn e eu continuamos nossa tarde de folga longe da cidade.

Osvaldo e sua esposa

Uns seis meses depois, minha secretária me disse:

— Tem alguém chamado Osvaldo no telefone; ele disse que o conheceu na rodovia Blue Ridge.

Não me lembrava de ele ter dito seu nome, mas logo me recordei do homem na rodovia Blue Ridge, de modo que atendi a ligação. Ele começou dizendo:

— Você se lembra de nossa conversa na beira rodovia Blue Ridge, sobre meu cunhado e a igreja fanática?

— Com certeza.

— Pois bem, minha esposa e eu lemos o seu livro. Como você soube que estávamos tendo dificuldade em nosso casamento?

Ri e disse:

— Eu não sabia disso, mas achei que o livro o ajudaria a entender seu cunhado.

— Ajudou mesmo, mas também foi bom para o nosso casamento. Não sou de ler muito — disse ele —, mas esse livro não é complicado e faz muito sentido. Minha esposa e eu discutimos sobre o que lemos e estamos aprendendo a falar a principal linguagem do amor um do outro. Você não sabe como ajudou nosso casamento!

Osvaldo e seu cunhado

— Fico feliz em saber disso. E quanto ao seu cunhado? Esclareceu algumas coisas sobre ele?

— Bem, a primeira coisa que fiz depois que minha esposa e eu terminamos de ler o livro foi dá-lo para meu cunhado e a esposa dele. Eles leram e algumas semanas depois também conversaram sobre o assunto. Uma noite, estávamos jantando com eles e meu cunhado me disse que sua linguagem do amor é do toque físico e a linguagem do amor de sua esposa é de gestos de serviço. Eles também estavam passando por algumas dificuldades em seu casamento e o livro os ajudou muito. Não fiz a ligação na hora, mas na semana seguinte, estava pensado sobre nossa conversa e o motivo de você ter me dado um livro sobre casamento quando eu lhe fiz uma pergunta sobre religião. A linguagem do amor de meu cunhado consiste no toque físico, de modo que sua forma de adoração é física. Foi como se uma luz acendesse em minha mente, e então pensei comigo mesmo: "Isso faz muito sentido. Sua adoração a Deus é física, pois o toque físico é sua principal linguagem do amor. Na verdade, quando ele levanta as mãos e dança no corredor da igreja, está demonstrando seu amor a Deus". Duas semanas depois, meu cunhado e eu estávamos caçando e eu puxei o assunto. Ele não havia feito uma ligação entre as duas coisas. No entanto, quando lhe falei o que achava, ele disse:

— É mesmo, Osvaldo, sabe que isso faz muito sentido? Minha esposa nunca adorou a Deus desse jeito. Ela é do tipo mais quieto. Talvez isso explique por que eu sempre achei que ela não era tão espiritual quanto eu por não louvar a Deus da mesma forma. Sua linguagem do amor consiste em gestos de serviço, e só agora comecei a perceber que ela sempre faz alguma coisa pelas pessoas. Ela cozinha para alguém da igreja que está doente. Quando alguém morre, ela ajuda a família a limpar a casa e também prepara comida para eles. Ela esta sempre fazendo alguma coisa pelos outros. Visita um lar de idosos toda semana.

Então, o cunhado de Osvaldo acrescentou:

— Estou começando a entender que essa é a maneira dela de mostrar amor a Deus. É sua linguagem do amor. Rapaz, que bom que conversamos sobre isso. Jamais teria pensado numa coisa dessas!

Osvaldo dá uma idéia para um livro

Osvaldo concluiu seu relato do que havia acontecido depois que nos encontramos dando o resultado final e uma sugestão.

— Agora eu entendo meu cunhado e ele entende a esposa dele. Talvez deva escrever um livro sobre as linguagens do amor de Deus. Poderia ajudar muita gente a entender melhor os outros.

— Talvez deva mesmo — respondi. — Vou pensar seriamente no assunto!

Como você, leitor, sabe, de fato pensei sobre o assunto e escrevi o livro. Espero que muitos outros tenham a percepção que Osvaldo teve.

Enquanto estava na Terra, Jesus de Nazaré orou pedindo que aqueles que o seguissem se considerassem parte de uma unidade, não apenas com ele e seu Pai, mas uns com os outros. Na minha opinião, uma das tragédias dos últimos dois mil anos é que, muitas vezes, os seguidores de Cristo são um tanto críticos uns com os outros. Algumas dessa críticas concentram-se nas "formas de adoração". Vamos reconhecer que, na verdade, o coração humano tem muitas linguagens do amor com as quais pode adorar a Deus.

Capítulo oito

Aprendendo a falar novos dialetos do amor

Somos criaturas sistemáticas. Desde o momento em que nos levantamos pela manhã, temos a tendência de seguir a mesma rotina dia após dia. Pense nisso. Em que a manhã de hoje foi diferente da manhã de ontem? É bem provável que você tenha saído da cama e ido para o banheiro, começando seu dia como tem feito há meses. O sabonete, a escova de dentes, a esponja, o vaso sanitário – todos eles têm seu lugar e, de um modo geral, ficam dentro da devida ordem.

Não há nada de errado com a ordem. Na verdade, fazer as mesmas coisas na mesma seqüência pode até economizar tempo. No entanto, a repetição também pode alimentar o tédio e levar a uma existência enfadonha.

A criatividade também é uma característica inata. Ao lançar mão de nossa natureza criativa, a vida torna-se mais empolgante e menos previsível. Há vários anos, tenho propositadamente alterado minha rotina matinal pelo menos uma vez por semana, simplesmente por uma questão de variedade. Às vezes, tomo o café da manhã antes de me barbear em vez de fazê-lo depois. Às vezes, tomo café depois de colocar o terno e a gravata em vez de fazer isso de pijamas e camiseta. Posso até quebrar minha rotina de comer cereal integral e tomar suco de laranja e fazer algo extremamente radical, como comer sucrilhos e beber suco de uva. E que tal ovos com presunto pela manhã? Até isso eu faço uma vez por ano!

A variedade estimula a mente. É mais fácil manter a mente ativa se você muda a rotina. Gosto tanto dessa pequena amostra de criatividade matinal que estou começando a incorporá-la ao resto do dia. Não há nada melhor para acabar com uma tarde enfadonha do que dirigir uns vinte minutos até um outro bairro da cidade comendo dois sonhos recheados — acompanhados de leite desnatado, é claro. Depois de um passeio assim, posso voltar para o escritório sentindo como se tivesse vivido uma aventura. Um número cada vez maior de empresários está descobrindo o valor dessas "miniférias" no meio do dia. A criatividade anima o que poderia ser uma vida de rotina monótona.

Expressando amor a Deus de novas maneiras

Gostaria de sugerir a aplicação do mesmo princípio em nosso relacionamento de amor com Deus. Se simplesmente fazemos aquilo que nos é natural e expressamos nosso amor a Deus da forma costumeira, é possível que até nosso relacionamento com Deus transforme-se em rotina. Certa vez, ao visitar a Inglaterra com meu filho, que na época estava na faculdade, passamos uma tarde na Catedral de Salisbury. Andamos um pouco juntos, mas a maior parte do tempo ficamos separados, contemplando vitrais, sentados nos bancos, observando devotos em sua adoração sincera, maravilhando-nos com o estilo arquitetônico e até mesmo subindo as escadas para ter uma vista do outro lado do teto arqueado da catedral.

Quando o sol começou a se pôr, Derek e eu nos acomodamos no belo gramado que ficava em volta da igreja. Olhando em direção à catedral, perguntei a Derek:

— Quer orar? — e ele respondeu:

— Pai, faz umas duas horas que eu estou orando.

Um novo dialeto de oração

Sua resposta me fez calar. Não me entenda mal; fiquei profundamente tocado com minha experiência na catedral. Na verdade, foi isso que me levou a convidá-lo a orar. Queria que compartilhássemos aquela sensação que ainda havia ficado depois da experiência. No entanto, para ser honesto, em momento algum me ocorreu orar enquanto andava pela catedral. Estava absorto demais com a estrutura e a forma.

Mais tarde, ao refletir sobre essa experiência, percebi que havia colocado certos limites rotineiros à oração de acordo com o que eu havia determinado para essa ocasião: sentar-me, ajoelhar-me, fechar os olhos e falar com Deus. Meu filho havia descoberto um novo dialeto de oração que incluía andar não apenas com os olhos abertos, mas também com o coração aberto. Ele me ensinou um dialeto do qual tenho desfrutado desde então. Nem preciso estar numa catedral. Com freqüência, enquanto dirijo meu carro, oro em voz alta (e de olhos abertos, é claro).

Falando novos dialetos e outras linguagens

Cada uma das cinco linguagens do amor tem vários dialetos, mas muitos de nós nos limitamos a alguns deles, aos quais nos acostumamos. Neste capítulo, quero explorar a possibilidade de melhorar seu relacionamento com Deus ao aprender a falar novos dialetos de sua principal linguagem do amor. Ou, ainda, você pode ser criativo para valer e tentar falar uma linguagem do amor completamente diferente, talvez uma linguagem que você nunca tenha usado antes. Se Deus não é limitado nas linguagens do amor e dialetos que fala, nós também não precisamos ser. Na verdadeira adoração, podemos honrar nosso Criador de várias maneiras.

Veremos cada uma das cinco linguagens do amor e apresentarei um breve relato dos diversos dialetos falados nessa linguagem. Esses dialetos são, obviamente, apenas representativos. Com um pouco de criatividade, é possível que você descubra um dialeto que nunca lhe havia passado pela mente e, ao usá-lo, trará uma nova dimensão ao seu relacionamento com Deus. Comecemos com as palavras de elogio.

Falando palavras de elogio

Um dos dialetos das palavras de elogio consiste em *ações de graças*. Um dos meus salmos prediletos é o Salmo 100. Talvez seja meu favorito pois memorizei-o quando era criança. Nesse salmo Davi escreveu, "Entrai por suas portas com ações de graças" (versículo 4). Ações de graças são um dos dialetos mais conhecidos das palavras de elogio. No entanto, até nisso temos a tendência de nos limitar a certas expressões repetidas de agradecimento: "Obrigado por minha esposa / marido / filhos. Obrigado pelo alimento. Obrigado pela vida e pela saúde". Se essas expressões parecidas entre si forem repetidas com freqüência, tornar-se-ão simples rotina e podem até acabar sendo pronunciadas sem uma reflexão consciente do seu significado.

Dando graças por *todas* as coisas

Há vários anos fui desafiado a pensar de modo mais criativo sobre as expressões de ações de graças a Deus. Emily participava de um congresso em que eu era preletor. Não me lembro de como entramos no assunto de ações de graças, mas recordo-me do que ela disse.

— Gostaria de lhe contar uma experiência maravilhosa vivida nesta semana. Boa parte de nossas orações consiste em pedir coisas a Deus, não é? Na quarta-feira de manhã, decidi que não iria pedir nada a Deus, mas apenas agradecer pelas coisas que ele já havia me dado. Olhei ao meu redor e percebi que minha casa estava cheia de coisas que facilitavam a vida e que me traziam boas lembranças. Assim, resolvi agradecer a Deus por elas, uma a uma.

Então, Emily descreveu como fez isso.

— Deitei na cama e agradeci a Deus por ela, sem esquecer de mencionar o travesseiro, o colchão, os lençóis, o cobertor e a colcha belamente decorada. Pus minha mão sobre o telefone e agradeci por ele ser sem fio, de modo que eu pudesse andar pela casa enquanto falava. Agradeci a Deus pelo criado-mudo sobre o qual estava o telefone e pela gaveta que me servia como um lugar para guardar miudezas. Toquei no abajur sobre o criado-mudo e agradeci ao Senhor por ter dado a Thomas Edison uma idéia tão maravilhosa e por me permitir ter um abajur para poder ler quando vou para cama.

— Andei até a janela — continuou Emily — e agradeci pelas cortinas que me davam privacidade e que, não apenas combinavam com a colcha da cama, mas também eram algo que Deus havia me dado talento para fazer vários anos atrás. Isso me fez lembrar da máquina de costura elétrica. Assim, fui até o quarto de costura e agradeci pela máquina. Enquanto estava lá, agradeci pela mesa onde podia esticar o tecido, pela fita métrica, pelos moldes e porque aquele quarto era tão bem iluminado e estimulava minha criatividade.

— Fui até o banheiro e abri as torneiras — disse ela. — Coloquei minha mão debaixo da água e agradeci por ter água encanada. Toquei a torneira de água fria e a de água quente e agradeci por poder escolher qual das duas queria usar. Sentei-me no vaso sanitário e agradeci a Deus por ele ficar dentro de casa e não fora, como havia visto no sítio do meu tio Jorge. Entrei no box e agradeci por não precisar tomar banho num rio. Agradeci pelos tapetes que protegiam meus pés de pisar no chão frio, pela tolha branca felpuda com a qual envolvia meu corpo. Quando olhei para os cremes, cosméticos e acessórios na pia, agradeci a Deus não apenas por ter todas aquelas coisas, mas pela voz dentro de mim que, quando eu olhava no espelho, que me dizia: "Vamos lá, seja criativa; você pode ficar ainda mais bonita!"— Depois, fui até o escritório — prosseguiu — e sentei em minha cadeira agradecendo a Deus não só por ela, mas também por todas as cadeiras da casa. Passei por aquele cômodo tocando em cada objeto. Toquei na foto de minha avó e agradeci a Deus, porque aquela fotografia me lembrava de que tenho uma família temente a Deus.

Corri os dedos pelo relógio que havia sido um presente de meu avô, pouco antes de ele falecer, e agradeci a Deus por lembrar-me dele. Toquei em duas velas e agradeci por ter algo para iluminar a casa quando uma tempestade fazia faltar energia. Passei a mão pelos livros que estavam no chão ao lado da cadeira e agradeci pelas muitas pessoas que tornaram minha vida mais rica com suas palavras escritas.

— Durante uma hora — ela continuou contando — andei pela casa agradecendo a Deus pelas coisas que ele havia me dado. Ainda ficaram faltando quatro cômodos. Tenho pelo menos mais uma hora de ações de graças na semana que vem!

Agradecendo pelas pessoas

Nunca me esqueço de minha conversa com Emily. Ela enriqueceu minha vida para sempre. Desde então, tenho feito meus próprios momentos de ações de graças, colocando minhas mãos em muitos dos objetos em minha casa e transformando em palavras minha gratidão a Deus. É claro que agradecer a Deus por objetos materiais é apenas uma forma bem pequena de dar graças. Muitos momentos de qualidade podem ser gastos em gratidão a Deus pelas pessoas que ele colocou em sua vida.

Tente fazer isso algum dia. Você vai ficar admirado com a quantidade de pessoas pelas quais você pode dar graças. Comece com seus familiares mais próximos e depois relacione outros parentes (Pode ser que você tenha vontade de dizer: "Obrigado por essa pessoa, mas gostaria que o Senhor a tivesse feito um pouco mais gentil". Não ceda à tentação. Pense em alguma coisa boa que essa pessoa disse ou fez e agradeça a Deus).

Depois que tiver pensado em seus parentes, lembre-se dos que ensinaram você na escola e na igreja. Tire a poeira de seus velhos álbuns de fotos e agradeça a Deus pelos colegas e amigos. Pense nas pessoas de sua vizinhança e em seus gestos de bondade ao longo dos anos, em amigos de seu grupo de estudo bíblico que continuam a ter um impacto positivo sobre sua vida, nas pessoas que arrumam os produtos no mercado onde você faz compras, nos bombeiros e policiais que protegem sua cidade, nos lixeiros que recolhem o lixo toda semana; e não se esqueça das pessoas que influenciaram seu crescimento espiritual ao longo dos anos.

Dando graças por muitas outras coisas mais

Há, também, o mundo natural ao seu redor: a grama, as árvores, as flores e borboletas, as nuvens que parecem algodão e os ventos que as carregam, as gotas de chuva nas rosas e o brilho do sol nas margaridas, as montanhas e planícies, praias e rios. Você pode até visitar o zoológico e agradecer por uma série de criaturas do mundo animal.

Pegue sua enciclopédia e procure um texto sobre o corpo humano. Agradeça a Deus pela tireóide, pelo osso esterno, pelo estômago e pelo fígado. Observe as diversas partes do cérebro humano e agradeça a Deus por tudo isso estar ligado à espinha. Veja o sistema circulatório e o trabalho conjunto de ossos e músculos. Observe o sistema digestivo e agradeça a Deus pela próxima vez em que você for ao banheiro (É sério!). Você pode passar horas agradecendo pelo corpo humano. Seja criativo e você entrará "por suas portas com ações de graças".

No entanto, as ações de graças são apenas um dos dialetos das palavras de elogio. Também há o louvor.

Louvor, o primo das ações de graças

No Salmo 100, versículo 4, o salmista também nos desafiou a entrar "nos seus átrios com hinos de louvor". O louvor e as ações de graças são primos chegados. O louvor concentra-se em Deus, enquanto as ações de graças voltam-se para aquilo que Deus faz.

No Antigo Testamento, a palavra usada para *louvor* vem do termo *hala*, relacionado com a idéia de "fazer barulho", "celebrar". Assim, o Salmo 100 começa com as palavras: "Celebrai com júbilo ao Senhor". A Bíblia tem muitos trechos em que os escritores irrompem em louvor. O louvor surge espontaneamente do coração cheio de alegria que marca a vida do povo de Deus. Oferecer louvores (proferir palavras de louvor) é, muitas vezes, associado com música. O título hebraico do livro dos salmos é *Sepher Tehillim*, que significa Livro de Louvores. Cantar louvores era um elemento central tanto no Antigo como no Novo Testamento.

A alegria interior que surge do relacionamento com Deus é expressa em louvores. Assim, o louvor deve ser um elemento marcante na vida do povo de Deus. Em oposição a isso, os incrédulos são conhecidos por sua recusa em louvar a Deus[1].

Louvor verbal e musical — alguns dialetos

O louvor a Deus pode ser expresso com ou sem música, em particular ou na adoração conjunta. O louvor verbal é uma forma de declarar a crença em um Deus santo, justo, todo-poderoso, misericordioso e amoroso. Não é apenas o Criador, mas também o Redentor. Possibilitou nosso relacionamento de amor com ele e, por isso, nós o louvamos. O fato de sermos seus filhos, agora e para sempre, nos serve de estímulo para louvar a Deus.

Se as palavras de elogio constituem a principal linguagem do amor de uma pessoa, então, para ela, será fácil verbalizar sua expressão de louvor a Deus. No entanto, pode-se cair no uso de frases e de palavras limitadas, expressas sempre em intervalos regulares e nos mesmos lugares. Quando isso acontece, até mesmo nosso louvor, que começou como algo tão autêntico, pode transformar-se em mero ritual. O livro de Salmos bem como hinos e cânticos de louvor podem ajudar a estimular sua criatividade, à medida que você busca palavras para louvar a Deus.

Não é preciso saber cantar bem para usar essas expressões de louvor. Mesmo que você não se considere um músico, pegue um hinário. Cante um ou dois hinos para Deus (não se preocupe com a afinação. Para Deus isso não importa. Lembre-se de que o Salmo 100.1 diz: "Celebrai com júbilo ao Senhor" e que, no original, *celebrar* eqüivale a fazer barulho). Depois de cada estrofe, expresse suas próprias palavras de louvor a Deus. Fique na janela observando a beleza da criação de Deus e leia o Salmo 19 em voz alta. Acrescente suas próprias palavras de louvor depois de cada versículo. É possível que você se pegue usando palavras de louvor que jamais havia dito antes. Num dicionário bíblico, procure a palavra *Deus*. Enquanto lê o verbete que descreve as diversas características de Deus, declare suas próprias palavras de adoração ao Senhor por aquilo que ele é.

Junte-se a outros para expressar louvores a Deus. Normalmente, isso é feito por meio de música e de cânticos com toda a igreja. Esse tipo de louvor musical acrescenta outra dimensão a suas declarações de elogio ao Senhor. O tipo de música não é muito importante. O que importa é expressar o que está em seu coração a Deus por meio das palavras dos cânticos.

Um novo estilo de louvor

Há muita controvérsia, em alguns meios cristãos, sobre a ênfase contemporânea nas chamadas músicas de louvor e de adoração em vez de hinos. Um tipo é melhor que o outro? Talvez uma lição da história possa nos ser proveitosa.

Quando Isaac Watts estava com dezoito anos de idade (isso no ano de 1692), ele se recusava a cantar durante os cultos da igreja. Certa manhã de domingo, seu pai o repreendeu por não cantar. Isaac respondeu que a música não era digna de ser cantada, que os salmos não rimavam, que eram muito rígidos e feios em sua forma e frase.

— Esses hinos sempre foram bons para seu avô e para seu pai —, disse o pai de Isaac — e terão de servir para você também.

— Não importa o que o senhor e seu pai achavam desses hinos, eles nunca vão servir para mim.

— Se você não gosta dos hinos que cantamos, então escreva outros melhores — disse o pai.

— Pois já escrevi outros melhores, pai. Se você se acalmar e ouvir, posso ler um deles para você.

Isaac contou ao pai que havia refletido sobre o cântico dos anjos em Apocalipse 5.6-10 e o havia rescrito, dando-lhe rima e ritmo.

"Vede as glórias do Cordeiro / No trono de seu Pai; / Novas honras ao seu nome / E cânticos preparai".

Pasmado, seu pai levou a composição de Isaac para a igreja e, no outro domingo, os crentes gostaram tanto que pediram a Isaac que trouxesse mais um hino no domingo seguinte, e no próximo, e no próximo, ao longo de mais de duzentas e vinte e uma semanas consecutivas[2]. Nos dias de hoje, Isaac Watts é considerado o pai da hinologia moderna.

Expressando o ritmo e a rima de nosso coração

Trezentos anos mais tarde, os jovens Isaac Watts de nossos dias estão escrevendo cânticos de louvor e adoração. A música expressa o ritmo e a rima de seu coração. Aqueles de nós habituados aos hinos de Isaac Watts fariam bem em seguir o exemplo do pai de Watts e deixar que a nova geração nos conduza a algumas novas formas de expressão de louvor. Ao fazê-lo, é possível que estejamos permitindo que abençoem a igreja pelos próximos trezentos anos.

O louvor não é uma questão de forma. É uma questão do coração. Os dialetos de louvor são muitos. Sugiro que continue usando os dialetos mais significativos para você no passado e que explore a possibilidade de intensificar seu louvor a Deus experimentando novas formas. Talvez um desejo de manter o louvor mais vivo e sincero também explique por que os jovens de nossos dias, que foram criados com estilos de adoração mais informais e livres, sentem-se atraídos pelos cultos litúrgicos. A leitura das liturgias, que talvez tenha se tornado um ritual para alguém que a repetiu durante trinta anos, pode ser como água fresca para uma pessoa mais jovem, que nunca as ouviu. O que peço encarecidamente é que paremos de criticar estilos e formas que não conhecemos. Em vez disso, vamos manter nosso próprio louvor autêntico ao buscar formas novas para nós, mas conhecidas e compreendidas pelo Deus a quem desejamos louvar.

Outros dialetos de palavras afirmação

Discuti apenas dois dialetos básicos de palavras de elogio. Há muitos outros. Você pode tentar escrever uma carta de amor para Deus (sim, pode usar o computador). Creio que Deus gostaria disso. Afinal de contas, ele escreveu várias cartas (na verdade, vinte e uma epístolas por meio dos apóstolos). Por que não ler um capítulo da Bíblia e ouvir o que está no coração de Deus e depois escrever-lhe uma carta ele expressando sua resposta? Se você tem talentos poéticos, escreva um poema. Se é do tipo musical, pode até transformá-lo numa canção. Se você tem talentos vocais, pode cantar para Deus e para os outros (se você *não* tem talentos vocais, cante somente para Deus...).

Não há limites para os dialetos usados na expressão de amor a Deus por meio das palavras de elogio. Você pode aprender sobre esses dialetos ao ler o que escreveram outras pessoas cuja principal linguagem do amor era de palavras de elogio. Você pode aprender sobre isso numa discussão em grupo com amigos ou em momentos de meditação silenciosa. Mediante oração e reflexão, pedindo ao grande Criador que toque o espírito de criatividade que existe em você, é possível descobrir dialetos da linguagem das palavras de elogio que nunca lhe passaram pela cabeça.

Falando a linguagem do tempo exclusivo

Os momentos devocionais de Karen com Deus

Caso sua principal linguagem do amor seja o tempo exclusivo, então vai ansiar profundamente por aqueles momentos em que pode ter um tempo a sós com Deus. Vai facilmente se identificar com Karen, que disse:

— Para mim, o ponto alto do dia é minha "devocional" com Deus.

Quando lhe perguntei o que ela fazia nessa "devocional" com Deus ela respondeu:

— Normalmente, leio um capítulo da Bíblia, sublinho as frases ou palavras mais importantes e, então, converso com Deus sobre aquilo que sublinhei. Algumas vezes, faço perguntas a Deus. Outras vezes, expresso gratidão. Em outras ocasiões, confesso meus pecados revelados enquanto fazia a leitura. Então, normalmente leio um comentário sobre aquele capítulo para ver o que outras pensaram quando o leram. Nesse momento, muitas vezes encontro confirmações ao ver que outros foram tocados pelas mesmas idéias que chamaram a minha atenção.

Karen fazia muito mais do que isso para prolongar seu tempo com Deus. Depois do comentário, ela lia o texto selecionado de um de seus livros de devocional. Apesar de o assunto da devocional ser, com freqüência, algo totalmente diferente, Karen relatou que era muito animador ler os comentários de outras pessoas e suas meditações nesses livros.

— Converso com Deus sobre aquilo que li na devocional — disse-me Karen. — Então, faço uma longa oração, em que coloco diante do Senhor o meu dia, minha família e minhas preocupações, e peço sabedoria e orientação dele para o dia. Às vezes, termino cantando algum cântico ao Senhor. Não sou muito afinada, mas acredito que Deus ouve a melodia do meu coração. Depois do meu tempo com Deus, estou pronta para encarar o dia. Converso com ele em outros momentos, mas é aquele "momento devocional" da manhã que sustenta meu espírito. Sem esse tempo exclusivo dedicado a ele, meu dia seria muito diferente. Muitas vezes, comparo isso ao meu casamento — comentou. — Quando Jim e eu temos o nosso "tempo particular" quando compartilhamos nossa vida um com o outro, sinto-me ligada a ele, e nosso casamento parece saudável. Quando, por qualquer motivo que seja, deixamos de ter esses momentos dedicados um ao outro, sinto-me distante e, muitas vezes, acho que há algo de errado com nosso relacionamento. O "momento devocional" com Deus tem o mesmo propósito no que se refere ao meu relacionamento com Deus. É o que me dá a sensação de proximidade ou de intimidade com o Senhor.

— Onde e quando você passa esse tempo exclusivo com Deus? — perguntei-lhe.

— Faço isso pela manhã, antes de minha família acordar — ela disse. — É o único horário que funciona de fato para mim. Meu lugar é no porão, numa mesa no canto da lavanderia. Em termos estéticos, não é grande coisa, mas para mim parece uma catedral. Algumas vezes, quando saio de lá, começo a colocar algumas roupas para lavar e vejo o cartaz que colei sobre a máquina: "Lembre-se de que está lavando a roupa para Jesus". Descobri essa verdade em meu momento devocional com Deus, em Colossenses 3 — disse ela parafraseando o versículo 17.

Talvez você se identifique com Karen. Caso sua principal linguagem do amor é o tempo exclusivo, então é possível que você tenha um tempo, um lugar e uma forma de dedicar tempo a Deus ou, se você ainda não estabeleceu um "momento devocional", pode ser que considere a idéia de Karen bastante atraente. Karen está falando a linguagem do amor do tempo exclusivo, que, para ela, é a expressão mais profunda de seu amor a Deus e a forma como ela sente com mais intensidade o amor de Deus por ela.

"Maravilhosas caminhadas juntos"

No entanto, há outros dialetos da linguagem do amor do tempo exclusivo. Patrick gosta de caminhar. Sua personalidade não combina com o tipo de tempo exclusivo com Deus descrito por Karen. Ele é um homem dinâmico, mas sua linguagem do amor é de tempo exclusivo. Quando lhe perguntei como ele passava tempo exclusivo com Deus, sem hesitar ele respondeu:

— Deus e eu fazemos maravilhosas caminhadas juntos. Comprometi-me a decorar versículos das Escrituras — continuou ele. — Um amigo compartilhou a idéia comigo e venho fazendo isso há vários anos. Escrevo esses versículos no verso dos meus cartões de visita. Meu amigo me deu um pequeno envelope de couro para guardar esses cartões. Levo-os comigo quando saio para caminhar e repasso os versículos, conversando com Deus sobre cada um deles. Às vezes o versículo me leva a confessar alguma coisa e sou motivado a clamar a Deus, pedindo ajuda para colocar o princípio daquela passagem em prática na minha vida. E alguns versículos — Patrick explicou ainda — servem de estímulo para orar por outras pessoas.

Fica evidente que o método usado por Patrick para dedicar tempo a Deus é diferente daquele de Karen, mas trata-se simplesmente de dialetos distintos da mesma linguagem do amor. O elemento central de cada um é passar tempo exclusivo conversando com Deus.

O parque da cidade e a adoração em casa

Júlia, por outro lado, mencionou um terceiro dialeto do tempo exclusivo:

— Minha vida é muito agitada, porque tenho três filhos para criar, um emprego de período integral e Rob, meu marido, para quem procuro ser uma boa esposa. Nunca fui capaz de manter um tempo diário de meditação com Deus, apesar de admitir que a idéia me parece muito interessante. Assim, o que fiz foi criar um período de três horas a cada semana que dedico exclusivamente a Deus. Normalmente, faço isso na quinta-feira pela manhã, das nove ao meio-dia. Quinta é o dia mais tranqüilo na minha agenda, e meu chefe concordou em me dar, toda semana, essas três horas de folga, obviamente descontando-as do meu pagamento. Essas horas são o ponto alto da minha semana. Não sei o que faria se não tivesse esse tempo mais longo sozinha com Deus. No verão, vou até o parque da cidade. Lá, há várias mesas de piquenique, e sempre consigo encontrar alguma desocupada. No inverno, vou para casa. As crianças estão na escola, meu marido está no trabalho, e a casa fica tranqüila; assim, transformo a sala de estar num lugar de adoração.

Em casa, Júlia canta hinos, lê a Bíblia e, muitas vezes, lê biografias. Ela diz que ler sobre a vida de outras pessoas serve de encorajamento para ela.

— Enquanto canto e leio, converso com Deus. Expresso minha adoração a ele e peço-lhe que me ajude e oriente minha vida. Às vezes sinto-me tentada a fazer o serviço da casa durante essas três horas — confessa Júlia —, mas até agora não cedi a essa tentação. Se fizesse isso, estaria saindo completamente do propósito de dedicar tempo exclusivo a Deus. Espero que, algum dia, possa ter um tempo diário de meditação com Deus, mas por enquanto esse esquema está funcionando para mim. Sem isso, não estou certa de que sobreviveria às pressões da vida. O que verdadeiramente me anima é crer que Deus fica tão empolgado quanto eu com esse tempo que passamos juntos. Sentiria como se o estivesse deixando na mão se não aparecesse para nosso encontro.

Obviamente, Júlia aprendeu a falar um dialeto do tempo exclusivo que é significativo para ela e que melhora a qualidade de seu relacionamento com Deus.

Numa cidade... e em outra

Robert era representante de várias empresas. Ele viajava o tempo todo, mas eu sabia que era um seguidor dedicado de Cristo. Também sabia que sua principal linguagem do amor era o tempo exclusivo, de modo que perguntei-lhe:

— Como você encontra tempo para desenvolver seu relacionamento com Deus, uma vez que você está sempre viajando?

— Isso não é problema — disse ele. — Todas as manhãs, antes de sair do quarto do hotel, passo dez minutos ouvindo Deus e falando com ele. Tenho um pequeno livro de devocionais que levo comigo em minha pasta de documentos. Sempre leio o versículo e os comentários daquele dia e converso com Deus sobre o que li e sobre o meu dia e peço sua orientação. Então, no fim do dia, normalmente estou em outra cidade, muitas vezes jantando com algum cliente. Se o tempo está bom, encontro uma praça e faço uma caminhada com Deus, orando sobre o dia, sobre minha família e sobre alguns amigos meus que são missionários. Depois dessa caminhada, sento e leio um capítulo da Bíblia, sublinhando aquelas coisas que me parecem mais importantes e conversando com Deus sobre elas. Se as condições do tempo não permitem que eu faça isso, uso a academia de ginástica do hotel e leio a Bíblia em meu quarto. Começar e terminar o dia conversando com Deus me mantém perto dele. Tenho feito isso há vários anos e não posso imaginar como seria não passar esse tempo com Deus todos os dias. Ah, depois que leio a Bíblia, ligo para minha esposa e fico sabendo como estão as coisas em casa. Assim, nós dois também dedicamos tempo um para outro ao telefone.

Outros dialetos do tempo exclusivo

Apresentei quatro exemplos de dialetos da linguagem do amor do tempo exclusivo, mas há muitos outros. Seja qual for seu estilo de vida, caso sua principal linguagem do amor seja o tempo exclusivo e você ame a Deus de todo seu coração, você vai encontrar uma forma manter conversas exclusivas com Deus. Variações quanto a tempo, lugar e métodos também podem muito bem tornar mais interessante suas expressões de amor por meio do tempo exclusivo que dedica a ele.

Se, por exemplo, há uma catedral ou igreja na cidade onde você mora, você pode informar-se sobre dias e horários em que está aberta e, se lhe for conveniente, ter seu tempo exclusivo com Deus nesse lugar. Se você é uma pessoa que fica muito tempo dentro de casa ou do escritório, pode procurar ter um tempo dedicado a Deus em algum lugar ao ar livre, mesmo que as condições meteorológicas não sejam muito convidativas. Conversar com Deus na chuva pode ser uma nova experiência. Afinal, ele é o Deus que dá a chuva.

Se sua agenda é muito cheia, usar o horário de almoço para ficar sozinho com Deus pode ser a melhor "pedida" do cardápio. Criar um tempo e encontrar um lugar pode ser uma tarefa difícil, no contexto de nosso mundo agitado, mas o coração que pertence a Deus e a pessoa cuja linguagem do amor é o tempo exclusivo encontrará um lugar e um momento. Seu coração clama como o coração do salmista: "Como suspira a corça pelas correntes das águas, assim, por ti, ó Deus, suspira a minha alma. A minha alma tem sede de Deus, do Deus vivo: quando irei e me verei perante a face de Deus?"[3]

É esse anseio intenso do coração que nos leva a ser criativos ao falar com Deus na linguagem do amor do tempo exclusivo. Se essa não é sua linguagem do amor, pode ser que você queira aprendê-la ao procurar falar em um dos dialetos tratados acima.

Falando a linguagem dos presentes

Um casal jovem, juntos há apenas seis meses, aceitou meu desafio de dar mil dólares para a oferta missionária anual de nossa igreja no Natal seguinte. O plano que lhes sugeri era simples. Tomem a decisão e, então, separem vinte dólares por semana durante cinqüenta semanas.

Um ano depois, o casal foi até meu escritório com um envelope contendo cinqüenta notas de vinte dólares; eles planejavam colocá-lo no cesto de coleta no domingo seguinte. Estavam explodindo de alegria por poderem contribuir com a obra de Deus ao redor do mundo.

Nas palavras da esposa:

— Houve umas duas ocasiões em que dissemos um ao outro: "Bem, se pegássemos um pouco daquele dinheiro da oferta para missões, poderíamos fazer isso ou aquilo, mas então dizíamos: "Não, essa é nossa oferta para Deus. Não ousamos pegá-la para nós".

Algum tempo depois estava visitando uns amigos que conheço há muitos anos; vou chamá-los de Jan e Mike. Havia sido convidado para falar na igreja deles no domingo de manhã e ainda estava bastante empolgado sobre o que vinha acontecendo com a oferta anual para missões em minha própria igreja, especialmente com essa lição sobre a alegria de dar ofertas.

Depois de ouvir sobre esse jovem casal, Mike me disse:

— Deixe-me contar a nossa história. Antes de minha esposa e eu nos casarmos, nós dois havíamos sido ensinados a separar dez por cento de nossa renda para Deus. Fazíamos isso desde que nos conhecíamos por gente, de modo que, quando nos casamos, estávamos absolutamente de acordo que daríamos dez por cento de nossa renda para Deus.

Ofertas de gratidão

— No final do primeiro ano, comentei com minha esposa que, no Antigo Testamento, as pessoas davam um décimo de sua renda. Mas nós, abençoados com a dádiva da vida eterna em Jesus e que temos o Espírito Santo, que nos concede o dom da vida, deveríamos, na verdade, oferecer a Deus mais do que eles davam no Antigo Testamento. Assim, perguntei a Jane o que ela achava de aumentarmos nossa oferta para onze por cento em lugar de dez. Ela respondeu que sim e, naquele ano, demos onze por cento. No final do ano, havia sobrado mais dinheiro do que no ano anterior. Portanto, sugeri a Jane que deveríamos aumentar nossa oferta para doze por cento.

— Ela concordou mais do que depressa e, assim, tornou-se um padrão de vida para nós. Cada fim de ano tínhamos mais dinheiro sobrando do que no ano anterior, então a cada ano aumentávamos nossa oferta em um por cento.

— Há quanto tempo vocês são casados? — perguntei.

— Há quarenta e nove anos — ele respondeu com um sorriso.

Não levei muito tempo para fazer as contas e descobrir que ele e a esposa estão agora devolvendo cinqüenta e oito por cento de sua renda a Deus. Podia notar que, para eles, essa era sua maior e mais pura alegria.

Mais do que contribuições em dinheiro

No entanto, expressar amor a Deus por meio da linguagem do amor dos presentes não se limita a dinheiro. De acordo com Jesus, um copo de água fresca oferecido a um homem sedento é uma expressão de amor a Deus que não passará despercebida pelo Pai[4]. O amor a Deus, com freqüência, é expresso no suprimento das necessidades físicas de suas criaturas: o que comer, o que beber, o que vestir e onde morar. Grande número de seguidores de Cristo considera que dar é sua principal expressão de amor a Deus. Não há nada que lhes dê mais prazer do que ser um meio de suprir as necessidades de outros. Quando os grupos escoteiros aqui da região fazem sua campanha anual para arrecadar alimentos para os necessitados, essas pessoas estão entre as primeiras a participar. Quando uma estação de rádio local pede contribuições para ajudar vítimas de enchentes, são as primeiras a dar roupas, alimentos e outras coisas.

Por outro lado, tenho um amigo que raramente responde a esse tipo de apelo, mas ainda assim sua principal linguagem do amor consiste em dar presentes. Ele é um investidor. Com regularidade, ele pega suas ações mais rentáveis e as transfere para organizações cristãs. Não há nada que o faça mais feliz. Ele pode ter abatimentos de imposto de renda resultantes de investimentos ao doar ações e, ao mesmo tempo, beneficia empreendimentos cristãos em todo o mundo. Ele tem grande prazer em seu presente, no qual todos saem ganhando.

Dando encorajamento

Existe um dialeto do ato de dar que não tem absolutamente qualquer valor monetário, mas que demonstra, de modo profundo, o amor de uma pessoa por Deus. Trata-se da dádiva de palavras de encorajamento.

Jim não é um homem rico. Na verdade, mora em uma pequena cidade, que vive da indústria têxtil, em uma casa com mais de setenta anos e que precisa de urgente reforma. Sua conta bancária não está muito recheada, mas seu coração está cheio. Ele é um maravilhoso seguidor de Cristo. Em suas próprias palavras:

— Desperdicei os primeiros cinqüenta anos de minha vida. Deixei que o álcool e as drogas controlassem minha existência. Porém, certa noite, numa missão, entreguei minha vida a Jesus, e os líderes da missão me convidaram para morar num sítio deles. O ano que passei naquele sítio mudou minha vida completamente. Só então me dei conta de que não precisava ser controlado pelo álcool e pelas drogas, mas sim pelo Espírito de Deus, que queria transformar minha vida em algo bom.

Os últimos quinze anos têm sido os melhores. Tenho um emprego fixo. Agora, estou comprando minha casa própria e, melhor do que isso, em minha igreja, tenho uma família de amigos que me amam. Não tenho muito dinheiro, mas meus amigos sempre dizem que isso não importa. Minha oferta é de palavras de encorajamento. Pego versículos da Bíblia que têm significado muito para mim nos últimos quinze anos. Escrevo-os em cartões e entrego os cartões que considero apropriados às pessoas.

Muita gente já me disse o quanto esses versículos foram importantes para sua vida. Também oro por essas pessoas. Como você sabe, a oração é uma excelente maneira de animar as pessoas.

Jim está expressando seu amor a Deus ao dar esses presentes.

Outros dialetos da linguagem dos presentes

Tenho outro amigo que contribui para projetos. Ele dá ofertas regularmente em sua igreja, mas o que realmente o empolga é ofertar para um determinado projeto. Uma campanha para arrecadar cadeiras de rodas a pessoas necessitadas de várias partes do mundo chamou sua atenção. Ele acabou doando quinze cadeiras, mas esse é apenas um dos muitos projetos para os quais ele já contribuiu ao longo dos anos. Há valor no ato de dar um presente específico para um propósito específico visualizado mentalmente por ele que faz com que essa oferta seja uma expressão maior de seu amor a Deus. Muitas pessoas podem se identificar com o dialeto do ato de presentear.

Caso dar presentes seja sua principal linguagem do amor, deixe-me sugerir que você considere o aprendizado de novos dialetos de contribuição; procure expandir seus horizontes ao dar de maneiras diferentes ou coisas diferentes. Para aqueles que somente dão dinheiro, pensem em contribuir com comida. Para aqueles que contribuem regularmente com ofertas materiais, considerem presentes não-materiais, como palavras de ânimo. Com um pouco de criatividade, você pode expandir sua principal linguagem do amor de modo a melhorar a maneira de expressar seu amor a Deus. Por outro lado, se contribuir sempre foi difícil para você, escolha um dos dialetos mostrados acima e comece a aprender a linguagem do amor de presentear.

Falando a linguagem do amor dos gestos de serviço

Carl aposentou-se vinte anos atrás de seu emprego como engenheiro elétrico. Desde então, já construiu beliches para um acampamento de jovens em Honduras, um refeitório e cozinha para um seminário nas Filipinas, duas casas novas para missionários em Mali, na África ocidental, reformou dormitórios e cozinhas num acampamento de jovens no Peru, ajudou a construir prateleiras para uma livraria em Honduras, construiu uma casa para um médico missionário em Togo, na África ocidental, e ajudou a construir um acampamento que serve de base para missionários voluntários na Albânia.

Por que um engenheiro "aposentado" ainda está trabalhando? Porque ele ama a Deus, e sua principal linguagem do amor consiste em gestos de serviço. Ele usa suas aptidões para proclamar seu amor a Deus e ao Filho de Deus, Jesus. Além de seu trabalho em outros países, ele ofereceu um ano de supervisão na construção de um templo para uma nova igreja no estado da Georgia e outro ano fazendo a mesma coisa para uma igreja da Carolina do Norte. Construiu estantes de livros para o pastor de uma pequena igreja de New Jersey, ajudou a reformar salas de aula de uma escola no Tenessee e, quando não está em viagens missionárias, é professor na escola dominical de sua própria igreja.

Carl tem apenas uma coisa da qual se arrepende:

— Arrependo-me de não ter me aposentado antes para que pudesse ter feito mais coisas.

Servindo ao cozinhar e construir

É claro que não é preciso ser aposentado para expressar amor a Deus por meio da linguagem do amor de gestos de serviço, que tem muitos dialetos. Desde que conheço Marie, raramente deixou o fogão esfriar. Sua cozinha é um lugar de adoração. Ela declara seu amor a Deus ao preparar comida para outros. Quando seu marido aparece na minha porta com uma refeição preparada por Marie, sei que sou alvo do amor dela por Deus. Quando estou viajando e fazendo palestras, se minha esposa quer ter comunhão com alguém e ao mesmo tempo comer alguma coisa, ela passa na casa de Marie para tomar um chá de hortelã e experimentar alguma guloseima que, por acaso, esteja saindo do forno naquele dia. Há pouco tempo,

Marie preparou uma refeição para todo o seu grupo de estudo bíblico — quarenta e seis pessoas.

Para Marie, esses "projetos gastronômicos" não são um peso. São o seu prazer. São sua maneira de amar a Deus.

Meu amigo Mark, por outro lado, jamais cozinhou uma refeição em toda sua vida, mas é fluente na linguagem de gestos de serviço. Mark trabalha na aviação comercial, mas toda época de Natal e Páscoa você pode encontrá-lo num andaime no alto da igreja. Ele estará lá construindo o cenário para as apresentações de Natal e Páscoa. Durante duas semanas, ele reúne voluntários e transforma-os em construtores profissionais. O resultado final é de fazer concorrência com *shows* da Broadway.

A motivação de Mark não é financeira, uma vez que seu trabalho é voluntário; seu desejo também não é receber o elogio de outros. Ele até prefere ficar nos bastidores. Para ele, construir palcos e cenário é uma das formas de expressar seu amor a Deus. Milhares de pessoas são abençoadas todo Natal e Páscoa, porque Mark fala a linguagem do amor dos gestos de serviço.

Por falar em construtores, nenhum deles é mais engenhoso do que Millard Fuller, fundador de *Habitat for Humanity* (Habitações para a humanidade), um ministério de construção de casas. Jamais me esquecerei da primeira vez que encontrei Millard. Ele é um homem alto e esbelto com o entusiasmo de um técnico dos grandes times de futebol. Quando terminou seu discurso, aqueles de nós que haviam se voluntariado para o projeto de construção já sentiam que estavam prestes a embarcar numa grande aventura. Uma semana depois, quando a casa estava terminada, reunimo-nos para consagrá-la e para entregar as chaves ao novo proprietário.

Millard levantou para fazer a entrega e, juntamente com as chaves, deu de presente uma Bíblia com a seguinte dedicatória: "Na verdade, fez Jesus diante dos discípulos muitos outros sinais que não estão escritos neste livro. Estes, porém, foram registrados para que creiais que Jesus é o Cristo, o Filho de Deus, e para que, crendo, tenhais vida em seu nome"[5].

De acordo com ele, sua motivação para fundar a organização *Habitat for Humanity* foi mostrar o amor de Deus e orar para que todos os seres humanos viessem a conhecer a Jesus Cristo de modo pessoal. Sabia que ele não era apenas de um filantropo de obras sociais. Tratava-se de um homem com um profundo amor por Deus. *Habitat for Humanity* foi seu veículo para falar a linguagem do amor dos gestos de serviço.

Há também James Lanning. Você provavelmente não o conhece, mas eu jamais me esquecerei dele. Há mais de quarenta anos, eu era pastor de uma igreja cidadezinha do estado da Carolina do Norte. James era um dos diáconos da igreja, um eletricista profissional e também encanador. Certo dia, ele me chamou de lado e disse:

— Olhe, pastor, quando sua casa ou a igreja precisarem de algum serviço de encanamento ou eletricidade, não vá chamar um encanador ou eletricista; ligue para mim. Não há muito que eu possa fazer para Deus, mas posso trabalhar com essas duas coisas. Essa é minha forma de agradecer ao Senhor por tudo o que ele tem feito por mim. Entendeu bem?

Entendi sim e, quando precisava de um eletricista ou encanador, ligava para o James. Era uma alegria vê-lo demonstrar seu amor a Deus.

As pessoas cuja principal linguagem do amor consiste em gestos de serviço pegam as aptidões que possuem, sejam quais forem, e usam-nas para realizar a obra de Deus. Estão seguindo seu Mestre, o qual "andou por toda a parte fazendo o bem"[6]. Nem todos são pessoas com aptidões técnicas, mas são abelhas operárias que varrem folhas da grama, limpam calhas, tiram a neve da frente das casas, entregam refeições. Estão buscando servir outros como expressão de seu amor a Deus.

Há pouco tempo, estava fazendo compras no supermercado e encontrei uma mãe com seus três filhos, de oito, dez e doze anos de idade e perguntei:

— O que você e as crianças vão fazer nas férias?

— Uma vez por semana, vamos a um lugar que distribui refeições para pessoas carentes e ajudamos a servir o almoço e fazer a limpeza depois. As crianças adoram, e é algo que eu sempre quis fazer.

Pelo fato de haver dado aconselhamento para ela e seu marido vários anos atrás, sabia que a principal linguagem do amor dela era de gestos de serviço. Foi bom vê-la expressando seu amor a Deus dessa forma.

Também foi bom ver que ela estava ensinando seus filhos a falar essa linguagem do amor. Devo admitir que a maioria das mães com as quais me encontro nas férias estão levando os filhos para o clube ou para assistir algum jogo. É um refrigério ver uma mãe ensinando os filhos a amar a Deus expressando amor a outras pessoas. Lembre-se de que existem muitos trabalhos como esse, assim como ministérios que entregam alimentos em casas de pessoas idosas ou enfermas.

Se os gestos de serviço são sua principal linguagem do amor, deixe-me encorajá-lo a aprender novos dialetos e a tornar ainda melhor seu relacionamento com Deus. Você pode tentar trabalhar como assistente de um professor, participar de uma viagem missionária ou oferecer-se como voluntário em sua igreja local ou num hospital. Suas oportunidades só são limitadas por sua disposição de explorar. Se os gestos de serviço não são sua principal linguagem do amor, então comece com um projeto simples e desenvolva seu vocabulário ao aprender a amar a Deus dedicando-se a servir os outros.

Falando a linguagem do amor do toque físico

Tocando os "intocáveis"

Aos dezessete anos, Lisa foi a Los Angeles numa rápida viagem missionária. Enquanto estava lá, sentiu em seu coração o desejo de trabalhar com prostitutas — mulheres sobre as quais a maior parte da sociedade prefere não pensar. Sentido o chamado de Deus em sua vida, ela se matriculou no Instituto Bíblico Moody, em Chicago.

Escolheu especializar-se em ministérios urbanos e começou a procurar uma organização que trabalhasse com prostitutas, mas não existia nenhum ministério desse tipo[7].

Assim, Lisa começou um trabalho chamado *Salvage House* (Casa de Resgate). Todas as noites, das nove à uma da madrugada, Lisa e uma colega percorriam as ruas de Chicago procurando prostitutas às quais pudessem ministrar. Dois membros de sua equipe seguiam as duas para protegê-las. A abordagem de Lisa era simples: construir relacionamentos e oferecer um lugar seguro onde as necessidades físicas e espirituais das mulheres pudessem ser supridas. Na Casa de Resgate de Lisa, mulheres para as quais o toque físico havia significado exploração descobriam o abraço caloroso de braços verdadeiramente amorosos. Nos últimos anos, o toque amoroso de Lisa e dos membros de sua equipe têm ajudado muitas mulheres a experimentar o amor de Deus.

Toda sociedade tem sua categoria de pessoas *intocáveis*. Na Palestina do primeiro século, eram os leprosos e as prostitutas. Os leprosos viviam separados do resto da sociedade e eram obrigados a gritar "impuro, impuro" quando viam alguém se aproximar deles. As prostitutas eram consideradas tão abomináveis a ponto de os líderes religiosos concluírem que Jesus não podia ser um profeta e permitir que uma mulher daquela categoria regasse seus pés "com suas lágrimas" e os enxugasse "com seus próprios cabelos; e beijava-lhe os pés e os ungia com ungüento"[8].

Na sociedade ocidental, também temos nossos intocáveis. Não nos atreveríamos a compilar uma lista dessas categorias, mas, por meio de nosso comportamento, demonstramos que certas pessoas não devem ser tocadas. Essas categorias diferem de um indivíduo para outro. Para alguns, são as prostitutas; para outros são as pessoas com doenças mortais, como a Aids. Alguns têm horror daqueles que são comumente chamados de "moradores de rua"; outros evitam "pervertidos", pessoas com problemas mentais, com deformações físicas ou que fazem parte de seitas.

O amor de Deus transpôs todas essas barreiras criadas pelos seres humanos. E aqueles que verdadeiramente amam o Senhor servem de agentes dele para tocar os intocáveis.

Algumas semanas atrás, estava falando com um velho amigo, que não via há muito tempo. Quando participou com sua esposa de um de meus seminários, disse-me que sua principal linguagem do amor era o toque físico. Quando lhe perguntei:

— O que você está fazendo de interessante nestas férias? — sua resposta foi imediata.

— Meu filho Bobby e eu temos visitado um trabalho missionário toda segunda-feira à noite. Tem sido tão empolgante! Cumprimentamos todos os homens que entram na missão; damos tapinhas nas costas deles e os abraçamos; para aqueles que vêm pedir oração depois do culto, nos ajoelhamos ao seu lado, colocamos o braço sobre seus ombros e oramos por eles. Alguns dos meus amigos dizem que não conseguem acreditar que estamos fazendo isso, mas tanto para Bobby como para mim tem sido a parte mais emocionante de nossas férias. Sei que a maioria daqueles homens não recebe muitos cumprimentos, abraços e tapinhas amigáveis nas costas. Sinto que estamos atuando como representantes do Senhor, a fim de mostrar-lhes o amor de Deus.

Não perguntei se o toque físico é a principal linguagem do amor de seu filho Bobby, mas uma coisa é certa: Bobby está aprendendo a falar essa linguagem fluentemente, enquanto ele e seu pai tocam os intocáveis.

Com medo de tocar outros?

Com freqüência, é o medo de doenças que nos impede de tocar os intocáveis.

— Não quero chegar perto de um paciente de Aids, pois tenho medo de pegar a doença dele — essa é uma atitude comum demais.

Não estou sugerindo que minimizemos os perigos em nossos esforços de demonstrar amor (apesar da Aids não ser transmitida por contato social). Perguntei ao pai de Bobby sobre sua preocupação com a saúde física dos dois.

— Bem — disse ele —, procuramos tomar as precauções normais. Lavamos as mãos depois que vamos à missão. Tomamos cuidado para não colocar a mão perto da boca ou do nariz. Lavamos nossa roupa e tomamos banho assim que chegamos em casa. Até agora, não tivemos nenhum problema.

Aprender e seguir hábitos corretos de higiene é de extrema importância, especialmente para aqueles que trabalham com pessoas que sofrem de doenças contagiosas. No entanto, não devemos permitir que o medo infundado nos impeça de expressar o amor a Deus ao tocarmos suas criaturas que vivem à margem da sociedade.

O toque no contexto institucional

Alguns dias depois encontrei-me com Mary, uma mãe que está levando sua filha de treze anos de idade para ajudar uma vez por semana num lar para idosos.

— O que vocês fazem? — perguntei.

— De um modo geral, nós os amamos — disse ela.

— E como fazem isso? — perguntei.

— Acho que uma das coisas mais importantes que fazemos é tocar essas pessoas — ela respondeu. — É impressionante como a maioria deles estende a mão quando passamos. Anseiam por um aperto de mão. Quando estamos prontas para sair de um quarto depois de nossa visita, aqueles que conseguem, muitas vezes se levantam e nos dão um abraço. É claro que, quer eles tomem a iniciativa quer não, eu os abraço. Você me conhece, adoro distribuir abraços.

Para Mary, abraçar é uma forma de expressar amor.

As pessoas que vivem em instituições como lares para idosos, prisões e casas de repouso muitas vezes não são tocadas fisicamente de modo amoroso. Alguns não recebem visitas nem de parentes, e aqueles que recebem, às vezes, têm parentes que não gostam de tocá-los. Assim, encontram-se extremamente abertos para qualquer um que expresse amor por eles por meio do toque físico. De acordo com Mary:

— Nunca vi ninguém dar as costas, nem se recusar a receber um abraço meu. Sinto que ficam esperando nossa visita, pois sabem que vão ganhar um abraço.

A oração e o toque físico

É claro que expressar o amor de Deus ao tocar fisicamente seus filhos não se limita àqueles que vivem em instituições. Jim tem um ministério de intercessão. Para ele, orar pelas pessoas é a coisa mais poderosa que se pode fazer. Se você compartilhar com ele um pedido de oração, ele não o escreverá num pedaço de papel, a fim de orar pelo assunto mais tarde. Dirá:

— Vamos orar sobre isso agora mesmo!

Quando Jim ora pelas pessoas, sempre tem algum contato físico com elas. Para uns, ele dá a mão. Para outros, ele coloca a mão sobre os ombros e ora.

Suas orações são simples, porém fortes. Quando ele termina de orar, normalmente dá um tapinha nas costas e um abraço.

Um senhor me disse:

— Quando Jim coloca o braço sobre meus ombros e ora por mim, sinto como se Deus colocasse seu braço sobre meus ombros e ouvisse atentamente o que Jim está dizendo.

É evidente que, para esse senhor, o toque físico de Jim é o toque de Deus.

Abraços

King Brown tem oitenta e dois anos de idade e, alguns meses atrás, convidou Karolyn e eu para jantar com ele e sua esposa. Uma semana depois de seu convite por telefone, estávamos num restaurante com King e Frances, sua "namorada" há mais de cinqüenta anos.

King estava vestindo terno e gravata e, no paletó do terno, trazia um brochinho que eu o vejo usando toda vez que nos encontramos ao longo de trinta anos. Nele está escrito: "Abraçar é um esporte de contato".

King e Frances contaram a história de seu namoro e casamento. Falamos dos cinco filhos deles e de suas respectivas famílias. No meio de nossa conversa, uma senhora que Karolyn e eu conhecemos há muitos anos foi até nossa mesa para nos cumprimentar. Apresentei-lhe King e Frances e, nesse momento, King se levantou e foi abraçar a senhora. Sua resposta foi imediata e direta. Ela deu um passo para trás e disse:

— O único homem que tem permissão para me abraçar é meu marido.

King, que ficou obviamente chocado, voltou a sentar-se e disse:

—Tudo bem, eu entendo.

A senhora explicou mais uma vez o seu ponto de vista, e ele repetiu que compreendia.

Quando ela foi embora, King disse para nós:

— Em mais de sessenta anos abraçando pessoas, ela é a segunda que recusa um abraço. Acho que, em sessenta anos, não é uma média tão ruim.

Conhecemos King e Frances há mais de trinta anos. Jamais encontrei alguém que falasse a linguagem do amor do toque físico de modo mais fluente do que ele. Ao sair do restaurante, foi lindo ver como ele ajudou Frances a pegar seu casaco, toucou-a nas costas e segurou sua mão, enquanto andavam até o carro. Depois de cinco filhos e cinqüenta anos de casamento, ele ainda expressa seu amor através do toque de afeto.

Seu principal dialeto do toque físico é abraçar as pessoas. Jovens ou velhos, homens ou mulheres, casados ou solteiros, quem se encontrar com ele será abraçado. E, se puxam conversa, em menos de cinco minutos ele estará falando sobre Deus. Desde que conheço King, ele expressa um amor intenso por Deus.

Certa vez, ele me disse:

— Você ficaria surpreso em saber quantas pessoas dizem que meu abraço é o primeiro que ganham em um mês. Acho que as pessoas não percebem como abraçar é um gesto poderoso.

Creio que King está certo e também concordo que duas recusas em sessenta anos não é uma média ruim.

Quando você compreende que as pessoas são feitas à imagem de Deus, que Deus as ama intensamente e que você é representante dele aqui na terra para expressar esse amor, o toque físico torna-se mais do que um gentileza social. Passa a ser uma expressão extremamente significativa do amor de Deus. Se o toque físico é sua principal linguagem do amor, espero que você seja "o braço de Deus" sobre o ombro de muitas pessoas.

O toque apropriado

Numa cultura em que a exploração sexual tornou-se tão habitual, sinto a necessidade de dizer que as verdadeiras expressões de amor por meio do toque físico devem sempre visar o bem da pessoa que é tocada. Caso seja motivado por um desejo de manipulação tendo, assim, por intuito satisfazer os próprios desejos sensuais, o toque físico deixa de ser uma expressão de amor. Aqueles que usam a linguagem do amor do toque físico de modo abusivo deixaram de ser veículos do amor de Deus.

Deixe-me acrescentar, também, que apesar de esse tipo de exploração ser comum na cultura de nossos dias, não se deve permitir que o medo de ser interpretado de modo equivocado impeça de falar a linguagem do amor do toque físico.

Um amigo meu voltou, há pouco tempo, do Quênia, na África oriental. Contou-me de sua conversa com uma senhora cujo marido havia se tornado cristão. Ele lhe perguntou certa ocasião:

— Qual é a maior mudança que a senhora observou em seu marido depois que ele tornou-se seguidor de Cristo?

A senhora respondeu sem hesitar:

— Ele parou de bater em mim.

Os que são verdadeiros seguidores de Jesus jamais usarão do toque físico como meio de fazer mal a outros, mas sim o verão como expressão do amor de Deus às pessoas.

O propósito deste capítulo é encorajá-lo a tornar ainda melhor seu relacionamento de amor com Deus ao usar novos dialetos da sua principal linguagem do amor e, quem sabe, ao explorar a possibilidade de aprender uma segunda ou terceira linguagem do amor com Deus. Espero que, ao falar em novas linguagens e dialetos, seu relacionamento com Deus continue a crescer e a ser sempre vibrante.

Capítulo nove

Quando o amor parece distante

O verdadeiro amor inclui disciplina. Se amamos, iremos corrigir. Quando a psiquiatra Ross Campbell e eu escrevemos o livro *As cinco linguagens do amor das crianças,* incluímos um capítulo sobre amor e disciplina, observando que os pais verdadeiramente amorosos irão, necessariamente, incorporar a disciplina à vida da criança. Ajudar os filhos a viver dentro de parâmetros é parte essencial do processo de prepará-los para viver como cidadãos responsáveis em um mundo adulto.

Fizemos duas observações-chave. Em primeiro lugar, é mais provável que um filho se rebele contra a disciplina quando seu reservatório de amor encontra-se vazio. Em segundo lugar, observamos que a criança é mais sensível a métodos de disciplina relacionados à sua principal linguagem do amor. Se, por exemplo, a principal linguagem do amor de uma criança consiste em palavras de elogio, então as palavras que reprovam o comportamento da crianças serão sentidas de modo mais profundo por ela. Quando uma criança é disciplinada dessa forma, pode sentir-se afastada dos pais e até mesmo concluir que não é amada por eles[1].

A disciplina amorosa de Deus

A luta da criança para compreender a disciplina dos pais com freqüência torna-se a luta do adulto para compreender a disciplina de Deus. Os dois princípios acima parecem valer também para esse caso. Em primeiro lugar, *é mais provável que nos rebelemos contra a disciplina de Deus quando nosso reservatório de amor está vazio*. Se não sentimos o amor de Deus, então sua disciplina pode parecer extremamente dura. Em segundo lugar, *quando o método de disciplina de Deus está diretamente relacionado à nossa principal linguagem de amor, ele atinge o mais profundo de nosso ser.*

A disciplina para nos conduzir de volta a Deus

Quando precisamos mais da disciplina de Deus? Resposta: quando estamos nos afastando dele e correndo o risco de fazer mal a nós mesmos e a outros. Essa verdade também se assemelha ao relacionamento entre pais e filhos. No entanto, quando estamos nos afastando de Deus, é menos provável que experimentemos seu amor. Uma sensação de "distância" desenvolve-se entre nós e nosso Criador. Conseqüentemente, quando ele toma a iniciativa de nos disciplinar, muitas vezes interpretamos seus métodos como severos.

Pode ser que acusemos Deus de ser injusto, mas, na realidade, foi nosso afastamento dele que causou a "distância". Quando andamos em comunhão íntima com Deus, é bem mais provável que sua disciplina seja interpretada como um ato de amor e não de julgamento.

Tendo em vista que somos, por natureza, mais sensíveis à disciplina diretamente relacionada à nossa principal linguagem do amor, Deus com freqüência usa essa linguagem do amor para nos conduzir ao arrependimento e ao perdão. Quando estamos trilhando um caminho destrutivo e Deus quer verdadeiramente chamar nossa atenção, muitas vezes ele nos disciplina de acordo com nossa principal linguagem do amor.

Se, por exemplo, nossa principal linguagem do amor consiste em palavras de elogio, então os céus calam-se. Aqui na Terra, nossos colegas de trabalho começam a transmitir mensagens de condenação.

Em casa, nosso cônjuge e filhos tornam-se críticos. Quando abrimos a Bíblia, nosso olhar é atraído para declarações que revelam nossa pecaminosidade. Lemos as palavras do profeta Natã condenando o rei Davi: "Você é essa pessoa!" e sabemos que são as palavras de Deus para nós. Nosso coração fica vazio e, em desespero, clamamos ao Senhor e começamos nossa jornada de volta para casa.

Disciplina para o nosso bem

Deus nos conhece melhor do que nós nos conhecemos. Ele sabe como chamar nossa atenção. Sua disciplina nem sempre é agradável, mas sempre tem um propósito. O escritor do livro de Hebreus, no Novo Testamento, estava ciente dessa realidade quando escreveu as seguintes palavras:

> *Filho meu, não menosprezes a correção que vem do Senhor, nem desmaies quando por ele és reprovado; porque o Senhor corrige a quem ama, e açoita a todo filho a quem recebe.*
>
> *É para disciplina que perseverais (Deus vos trata como a filhos); pois que filho há que o pai não corrige?[...] Pois eles [nossos pais] nos corrigiam por pouco tempo, segundo melhor lhes parecia; Deus, porém, nos disciplina para aproveitamento, a fim de sermos participantes da sua santidade. Toda disciplina, com efeito, no momento não parece ser motivo de alegria, mas de tristeza; ao depois, entretanto, produz fruto pacífico aos que têm sido por ela exercitados, fruto de justiça*[2].

O princípio geral é claro. Deus sempre nos disciplina para nosso bem. Em âmbito humano, os pais nos disciplinam de acordo com aquilo que crêem ser para nosso bem. No entanto, os pais não são perfeitos e, às vezes, cometem erros. Deus, por outro lado, é santo, e sua disciplina para conosco visa sempre nosso bem maior. Isso raramente é agradável e, em certas ocasiões, pode ser extremamente doloroso, mas seu propósito é nos fazer voltar ao caminho da justiça e da paz.

Essas duas palavras, *justiça* e *paz*, não devem jamais ser separadas. A paz, que significa, literalmente, "ser um com alguém", encontra-se no cerne do desejo do ser humano. A maioria de nós anseia profundamente pela "paz interior". Queremos que nossas emoções, pensamentos, desejos e ações relacionem-se entre si de modo harmonioso. O contrário de paz é ansiedade. Também desejamos ter paz em nossos relacionamentos com outras pessoas. Tantos já me disseram, ao longo dos anos: "Daria tudo o que tenho para simplesmente viver em paz com meu cônjuge" ou, em alguns casos, "com meus filhos". O desejo de todas as pessoas conscientes é o de que as sociedades vivam em harmonia. Muitas religiões do mundo têm como tema central a idéia de paz — estar em harmonia com o universo. No entanto, para a maioria das pessoas, quer sejam religiosas quer não, esse sonho é ilusório.

Encarando a disciplina como um gesto do amor divino

A realidade é que não pode haver paz em nenhum nível da existência humana se não vivermos de acordo com os planos do Criador. Nas Escrituras, isso é chamado de viver de modo justo. Trata-se de escolher o caminho certo, de optar por obedecer as regras de Deus, pois cremos que foram estabelecidas para o nosso bem. Quando andamos na justiça, experimentamos a paz. Esse é sempre o desejo de Deus para nós, e sua disciplina tem o propósito de nos mover em direção a esse ideal. O fato de saber disso não remove a dor da disciplina, mas nos ajuda a interpretar a disciplina como um gesto de amor divino.

Entorpecido de tristeza

R. G. LeTourneau (sobre o qual falei no capítulo 4) ilustra os dois princípios discutidos acima: (1) a disciplina de Deus parece dura quando não sentimos seu amor ; e (2) ela nos afeta de modo mais direto quando ele usa nossa linguagem do amor para nos disciplinar.

Na época em que era um jovem cristão procurando construir seu negócio do nada, LeTourneau foi totalmente consumido pelo trabalho e começou a afastar-se de Deus. Quando seu filho mais velho morreu, ele interpretou o fato como uma forma severa de disciplina da parte de Deus. Em sua autobiografia, LeTourneau descreveu sua reação:

> Abracei Evelyn, mas quando pude encontrar palavras, dirigias a Deus. "O que está errado?", clamei ao Senhor. "O que fizemos para sermos castigados dessa forma? Trabalhamos com afinco. Nos esforçamos ao máximo para sermos cristãos. Onde foi que erramos?"
>
> Naquela noite, ainda entorpecido de tristeza, recebi a resposta. "Meu filho", disse-me a Voz, "você tem trabalhado com afinco, mas nas coisas erradas. Você tem trabalhado pelas coisas materiais..."
>
> As palavras foram poucas, mas seu significado era extremamente profundo. Por toda aquela longa noite, recapitulei meu passado e vi que estava apenas dando a Deus o mínimo necessário, levando uma vida cristã de aparência, mas, na verdade, servindo a mim mesmo e à minha consciência. Ao invés de ser um servo humilde, orgulhava-me da forma como estava trabalhando para pagar minhas dívidas materiais na oficina mecânica, enquanto não fazia praticamente nada para pagar minha dívida espiritual com Deus.
>
> Tomando por base minha lição daquela noite, agora posso dizer que, quando um homem percebe que as coisas espirituais valem muito mais — e certamente vão permanecer quando as coisas materiais deixarem de existir —, irá trabalhar com mais afinco pelas coisas espirituais. Descobri, então, que Deus nos ama tanto que deseja que esse amor seja recíproco. Almeja obter nossa cooperação em seus planos [...]. Não era isso que eu estava fazendo. Estava buscando em primeiro lugar meu próprio modo de vida, e tenho convicção de que Deus precisou enviar aquelas dificuldades para que olhássemos para seu rosto e clamássemos por seu socorro e orientação[3].

Quando Deus nos disciplina em nossa linguagem do amor

A principal linguagem do amor de LeTourneau era a de presentes. Ele considerava seus filhos as dádivas mais preciosas de Deus; assim, quando esse presente lhe foi tomado, Deus conseguiu sua total atenção. Nada poderia ter tocado mais profundamente a alma de R. G. LeTourneau. A disciplina de Deus estava diretamente relacionada à sua principal linguagem do amor. LeTourneau reagiu de modo positivo à disciplina de Deus e, daquele momento em diante, sua vida tomou outro rumo. Ele andou em "justiça e paz". Suas realizações foram extraordinariamente bem-sucedidas, conforme relatamos no capítulo 4, mas Deus foi sempre o centro de sua vida e de seu trabalho. Devemos nos perguntar se a vida de LeTourneau teria sido tão cheia de realizações para Deus e para o bem do mundo sem a disciplina severa do Senhor em sua juventude.

Para aqueles cuja principal linguagem do amor consiste de presentes, as orações respondidas são uma forte evidência emocional do amor de Deus. Assim, no início de sua jornada espiritual, pode ser que tenham ficado perturbados e até mesmo zangados com Deus quando não receberam as boas dádivas pelas quais oraram. Quando suas orações parecem não ser respondidas, sua fé em Deus é abalada. Quando sua vida é atingida por tragédias, tendem a pensar que Deus foi injusto. Lutam mais profundamente com as orações não respondidas e com as tragédias do que outros crentes. No entanto, ao alcançar os anos de maior maturidade, passam a considerar essas coisas verdadeiras dádivas de Deus. Compreendem que pais amorosos nem sempre atendem a todos os pedidos de seus filhos. Por quê? Por amarem demais os filhos para dar-lhes coisas que sabem que irão prejudicá-los.

Assim, quando Deus se recusa a dar a seus filhos tudo o que pedem, não significa que está deixando de amá-los; antes, é uma expressão profunda de seu amor. Aquilo que parece ser uma tragédia, muitas vezes é a mais vívida manifestação do amor divino.

A principal linguagem do amor de Megan é o tempo exclusivo. Encontrei-a pela primeira vez quando estudava ciências da religião na universidade. Possuía uma profunda paixão por Deus e passava horas em contemplação, meditação e oração. Era sempre um grande estímulo conversar com ela, e seus colegas consideravam-na uma espécie de líder espiritual. Depois de sua formatura, Megan passou dois anos trabalhando com uma organização missionária na América do Sul. Posteriormente, voltou a estudar, fazendo mestrado em aconselhamento.

Aproximadamente na metade do curso de mestrado, começou a namorar com um rapaz que não apenas era ocupado demais para questões religiosas como também orgulhava-se de ser um agnóstico. Estava convencido de que ninguém podia ter certeza da existência de Deus e passava boa parte de seu tempo tentando convencer outros de sua incerteza.

Megan contou-me seis anos depois:

Me apaixonei por ele e, antes que pudesse me dar conta, também estava duvidando da existência de Deus. Parei de fazer minha devocional diária e, junto com meu namorado, comecei a freqüentar reuniões em que as pessoas discutiam uma abordagem intelectual da vida sem crer em Deus. A princípio pensei que poderia ter uma influência positiva sobre ele e seus amigos; no entanto, com o passar do tempo percebi que eles estavam exercendo sua influência negativa sobre mim. Notei que estava passando mais tempo lendo os livros que ele me recomendava do que lendo as Escrituras. Tinha uma sensação cada vez maior de vazio, e um dia me dei conta de que estava vivendo apenas para estar com meu namorado e de que nosso relacionamento havia se transformado no centro da minha vida. Quando, por fim, ele terminou comigo para ficar com outra moça, isso me deixou arrasada. A essa altura, havia concluído meu mestrado em aconselhamento e percebi que estava em profunda depressão clínica. Mesmo quando eu tentava orar, parecia que Deus não estava ouvindo. Sentia-me tão distante de Deus que comecei a me perguntar se havia cometido "o pecado imperdoável". Procurei tratamento para minha depressão e, em cerca de seis meses, consegui superá-la. Contudo, ainda me sentia distante de Deus. Sabia em meu coração que ele estava lá, mas a depressão havia me deixado com tantas lembranças de solidão que fiquei pensando se algum dia voltaria a sentir a presença de Deus. Foi nessa época que uma amiga me convidou para um estudo bíblico em sua casa. Aceitei o convite, pois queria estar perto de pessoas cristãs outras vez. Estavam começando uma série para recém-convertidos, e eu me comprometi a participar dos encontros semanais.

De acordo com Megan, os três meses seguintes foram "os mais importantes de minha vida". Ela havia sido privada de seu relacionamento com Deus em sua principal linguagem do amor, o tempo exclusivo. Então, "como suspira a corça pelas correntes das águas", Megan ansiava por Deus, por ver "a face de Deus"[4]. Ela levou o livro de estudos para casa e disse a Deus: "Quero começar de novo, como se estivesse acabando de entrar em meu relacionamento contigo. Ensina-me sobre o teu amor".

— Foi como voltar para casa depois de uma longa viagem — disse Megan. – A cada dia, ao estudar as Escrituras, redescobria o amor de Deus. Percebi como era fútil viver longe dele. O ponto alto de meu dia era o tempo que passava lendo as Escrituras e conversando com Deus. Isso foi há dois anos e continuo participando do grupo de estudo todas as semanas. Já aprendemos muita coisa juntos. Agora, tenho um emprego em período integral como conselheira e nunca estive mais feliz em toda minha vida.

Essa minha conversa com Megan foi há mais de quinze anos. Hoje, ela é uma das mais competentes conselheiras que conheço. Uma de suas especialidades é ajudar as pessoas a entender o processo da depressão. Cerca de cinco anos depois de nossa conversa, Megan casou e, de lá para cá, teve dois filhos. Desde que vieram os filhos, seu trabalho de aconselhamento é limitado a dois dias por semana, mas sua paixão por Deus jamais vacilou. Em suas próprias palavras:

— A disciplina severa da depressão foi o acontecimento mais significativo da minha vida. Estremeço só de pensar no que teria acontecido comigo se tivesse continuado a percorrer o caminho que havia tomado. Foi o desespero da depressão que me levou de volta para Deus. Por mais doloroso que tenha sido, agradeço sinceramente ao Senhor por essa experiência.

Deus nos ama o suficiente para afastar-se de nós caso isso seja necessário, a fim de sentirmos novamente o anseio por sua presença. Para aqueles cuja principal linguagem do amor é o tempo exclusivo, com freqüência esse é o método de disciplina empregado por Deus.

"Viu como Deus é bom?"

Algumas vezes, a disciplina de Deus parece mais dura quando nossas esperanças ou expectativas são frustradas. É nesses momentos que devemos nos lembrar que Deus é bom e que ainda nos ama.

Lembro-me de Cindy, alguém que conheci num encontro de adultos solteiros num retiro nas montanhas da Carolina do Norte. Ela disse:

— Costumava pensar que Deus não me amava, pois não havia me dado um marido. Orei fervorosamente pelo "homem certo", mas os anos foram passando e Deus nunca respondeu minha oração. Muitas vezes, sentia que Deus não tinha por mim o mesmo amor que tinha por minhas amigas. Mais tarde, vi que, uma a uma, minhas amigas começaram a se divorciar depois de sete, dez, doze anos de casamento. Vi as dores que suportavam. Vi o trauma criado em sua vida e na de seus filhos. O sofrimento pelo qual passavam era muito mais profundo do que a dor que eu experimentava por ser solteira. Lembro-me do dia em que disse para Deus: "Tudo bem, Pai. Na verdade, obrigada por não responder minha oração e me dar um marido. Agora vejo que teria sido imatura demais para ter um casamento bem-sucedido. Obrigada porque sou solteira e porque isso é uma dádiva de ti". Posso dizer honestamente que estou feliz por ser solteira. Não sinto que Deus se esqueceu de mim, mas sim que ele me amou intensamente e me preservou de algo trágico.

Um ano depois dessa conversa, recebi uma carta de Cindy. "Prezado Dr. Chapman, estou escrevendo para dizer que Deus finalmente colocou em minha vida o homem certo. De modo algum estava esperando me casar. Com certeza, o senhor se lembra de nossa conversa, mas foi algo que simplesmente aconteceu. Conheci Kevin logo depois daquele retiro no ano passado. Ele tinha se mudado para nossa cidade havia apenas um mês e logo começou a participar de nosso grupo de solteiros na igreja. Tornamo-nos amigos três meses antes de começarmos a namorar. Nosso relacionamento tem sido tudo o que sempre sonhei. Kevin é, sem dúvida, um *perfeito cavalheiro* cristão. Viu como Deus é bom?

— Cindy e Kevin estão casados há dez anos, têm dois filhos e um relacionamento lindo de se ver. De tempos em tempos, dirigem encontros de casais em sua igreja. Certa vez, Cindy me disse:

— Deus dá boas dádivas aos seus filhos, mas só quando ele sabe que estão preparados para recebê-las.

Um Deus amoroso nos cura?

Quando a dor persiste

Dor física e enfermidades debilitantes muitas vezes levam aqueles que procuram seguir a Deus a perguntar: *se Deus é amor, então por que permite que seus filhos sofram uma dor intensa*? Ao lidar com essa pergunta difícil, cristãos sinceros chegaram a diferentes conclusões. Alguns acreditam que toda doença e todo sofrimento vêm de Satanás, ou seja, que nunca é da vontade de Deus que seu povo fique enfermo. Se é Satanás quem causa as enfermidades, então a oração de fé leva à cura. Apesar de haver testemunhos autênticos de cura divina, existem também milhares de pessoas cuja fé foi abalada, pois "oraram com fé" e nunca foram curadas.

É verdade que as Escrituras instruem os crentes a orar pela cura dos enfermos, mas também é verdade que Deus não se comprometeu categoricamente a curar toda pessoa com um certo nível adequado de fé. Nas Escrituras, a cura em momento algum se baseia no poder humano de crer, mas sim encontra-se exclusivamente nas mãos do Deus soberano, que escolhe curar ou não, sempre decidindo em função de nosso próprio bem e do bem de outros.

A aflição crônica de Paulo

Paulo, o apóstolo do primeiro século cuja conversão a Cristo foi tratada no capítulo 6, tornou-se o maior líder da igreja cristã primitiva. Seria correto argumentar que ele foi o mais piedoso de todos os piedosos, mas sua vida não foi poupada do sofrimento e da dor. Ele foi preso e espancado em várias ocasiões. Foi apedrejado três vezes; numa ocasião, foi dado como morto e em outra, naufragou e foi deixado para os tubarões. Era privado de seus poucos bens terrestres com freqüência. Nada disso pareceu perturbar Paulo profundamente, mas ele se sentiu provado quando seu corpo foi afligido por uma enfermidade. Três vezes Paulo orou a Deus pedindo para ser curado, mas a resposta de Deus foi: "A minha graça te basta, porque o poder se aperfeiçoa na fraqueza". Ao refletir sobre isso, Paulo concluiu que sua doença física tinha por finalidade evitar de que ele se tornasse orgulhoso por causa da grande revelação que Deus havia lhe dado. Fica claro que ele considerava sua enfermidade uma disciplina positiva e amorosa de Deus. "De boa vontade, pois", disse ele, "mais me gloriarei nas fraquezas, para que sobre mim repouse o poder de Cristo. Pelo que sinto prazer nas fraquezas, nas injúrias, nas necessidades, nas perseguições, nas angústias, por amor a Cristo. Porque, quando sou fraco, então, é que sou forte"[5].

É provável que a principal linguagem do amor de Paulo fosse o toque físico. Sua conversão foi desencadeada peça presença de Deus tocando seu corpo e cegando-o por três dias. Depois de sua conversão, Paulo viajou por toda parte e foi, certamente, um dos maiores missionários da igreja cristã. Fisicamente, ele ofereceu sua existência ao Senhor como expressão do amor de Cristo, Aquele que o havia tocado e que transformou sua vida. Em meio ao ministério profícuo de Paulo, Deus usou a disciplina amorosa do toque físico para manter Paulo no caminho certo, de modo que os anos posteriores de sua vida fossem tão proveitosos quanto os primeiros anos logo após sua conversão.

No fim de sua vida, Paulo pôde dizer: "O tempo de minha partida é chegado. Combati o bom combate, completei a carreira, guardei a fé"[6]. A disciplina de Deus havia cumprido seu propósito, e Paulo não tinha outra coisa senão gratidão para expressar ao Deus que se preocupou tanto com ele a ponto de discipliná-lo em amor.

Lidando com uma crise de fé

Quando o toque físico é a principal linguagem do amor

Ao longo da história, muitos dos grandes líderes de Deus passaram pela dor da enfermidade. Normalmente, tal experiência chama nossa atenção para Deus, especialmente depois que os médicos fizeram tudo o que podiam, mas a doença ainda persiste. Com freqüência, a enfermidade é o *e-mail* de Deus, que faz voltar nossa atenção para outra direção. No entanto, àqueles cuja principal linguagem do amor é o contato físico, ela é o megafone de Deus. Tais pessoas são tocadas mais profundamente, e sua vida é transformada de modo mais marcante do que acontece com aqueles que têm outra linguagem do amor.

Conheci Clarence mais de quarenta anos atrás. Ele vinha para a igreja numa cadeira de rodas e sofria de esclerose múltipla. Com o passar dos anos, sua doença foi avançando, apesar das muitas orações pela cura. Ele acabou ficando confinado à cama e, nos últimos quinze anos de vida, não podia mais mover os braços e as pernas. O único movimento que conseguia controlar era o do pescoço.

A biblioteca local providenciou um equipamento que mantinha um livro acima da cama e virava as páginas, quando ele colocava o queixo numa barra de metal, o que fazia com que ele pudesse ler. Um amigo criou um mecanismo semelhante através do qual Clarence podia ligar o rádio com o mesmo movimento do queixo. Assim, ele ficava em contato com o mundo exterior por meio do rádio e dos livros.

Eu visitava Clarence de tempos em tempos e tivemos longas conversas. Algumas se concentraram na questão do propósito de Deus ao permitir que ele sofresse de esclerose múltipla.

A princípio, Clarence lutou muito com a razão de Deus ter deixado que isso acontecesse com ele. Havia terminado uma faculdade e o seminário, estava se preparando para entrar no ministério e, logo em seguida, seria ordenado pastor. No entanto, seu ministério pastoral foi interrompido, e para Clarence foi difícil entender isso. Orou pedindo para ser curado, como fez o apóstolo Paulo, mas, assim como aconteceu com Paulo, a cura que ele desejava não veio. Em lugar disso, desenvolveu-se uma consciência de que Deus tinha para ele um tipo diferente de ministério, voltado não para a pregação, mas sim para a oração.

Clarence tornou-se um dos maiores homens de oração que já conheci. Ao ouvir o rádio, ele orava pela pessoa por trás daquela voz e pelas que ouviam a mensagem. Cada página de cada livro trazia-lhe à mente pessoas pelas quais ele precisava orar. Uma vez que se espalhou a notícia de que Clarence era um guerreiro de oração, começaram a chegar pedidos de toda a parte. Em muitas ocasiões, compartilhei minhas próprias necessidades, e sempre soube em meu coração que, para ele, os pedidos de oração nunca eram um fardo, mas sim um ministério.

Durante vinte e cinco anos, Clarence teve um ministério de oração inigualável, cujos resultados só serão revelados na eternidade. Primeiro sentado em sua cadeira e, depois, reclinado em sua cama, seu entendimento foi ampliado. Deus usou o megafone do toque físico para direcionar a vida de Clarence ao ministério que seria o mais produtivo possível para ele.

Quando os gestos de serviço são a principal linguagem do amor

Há indivíduos para os quais a principal linguagem do amor são os gestos de serviço. Quando essas pessoas estabelecem um relacionamento com Deus e experimentam seu amor e perdão, é mais freqüente que expressem seu amor ao Senhor servindo a outros em nome de Jesus. Quando esse serviço é dificultado ou retirado delas, tais pessoas passam por uma crise de fé. Como disse uma jovem:

— O que Deus estava fazendo? Estou tentando servi-lo. Por que ele permitiria que tal coisa acontecesse?

É evidente que Deus havia conseguido toda a atenção dela, mas a moça não tinha entendido bem o que Deus estava dizendo.

Robert foi criado num lar em que o pai era um recluso que se dedicava a objetos eletrônicos. Trabalhava para um fabricante desse tipo de equipamento, lecionava eletrônica numa faculdade pequena e passava todo o tempo livre numa oficina de eletrônica no porão de sua casa. Robert raramente recebia atenção do pai. A mão de Robert reclamava do estilo de vida do marido e passava a maior parte do tempo em depressão. Era extremamente dominadora e controladora quanto à vida de Robert. Em sua adolescência, ele começou a perceber que se sentia sexualmente atraído por outros rapazes e, aos dezoito anos de idade, já estava envolvido num relacionamento homossexual.

Para Robert, a faculdade foi seu sonho de livramento. Mal podia esperar para sair de casa e deixar para trás a dor causada por seu pai desinteressado e por sua mãe dominadora. Considerava o *campus* universitário uma oportunidade de explorar sua sexualidade e de aproveitar sua independência. No entanto, seis semanas depois do início do primeiro semestre, Robert sentia-se sozinho e deprimido. Mal sabia ele que sua vida estava prestes a passar por uma transformação radical.

Júlia era uma caloura impetuosa que se dedicava a Jesus e aos outros. Ela convidou Robert para trabalhar com ela num ministério de distribuição de alimentos toda as quartas-feiras na hora do almoço. Robert não tinha aulas às quartas e estava disposto a ajudar. Mais tarde, participaram da construção de uma casa para o programa *Habitat for Humanity (Habitações para a Humanidade)* e no outono ela o envolveu num trabalho para limpar folhas e calhas organizado pelo seu grupo de estudo bíblico. Antes do final do primeiro semestre, Robert estava freqüentando as reuniões do grupo de estudo bíblico e, no segundo semestre, havia estabelecido um relacionamento com Deus.

Em suas próprias palavras:

— Foi o trabalho de Júlia que me levou aos braços de Jesus. Eu adorava ajudar as pessoas e também gostei muito de como Júlia me ajudou com minhas aulas de matemática. Precisava mesmo de uma força. Ela parecia se importar de verdade comigo. Mais tarde, quando me disse que me amava porque Deus a amou primeiro e que gostava de me ajudar pois Deus a havia ajudado, me interessei por esse Deus. Quando, finalmente, descobri o que Deus já havia feito por mim ao enviar Jesus para pagar a minha pena de morte, soube que ele me amava e que precisava responder ao amor dele.

Evidentemente, a linguagem do amor de Robert consistia em gestos de serviço, mas ao descobrir o amor que sentia por Deus, Robert não sabia o que fazer sobre seu estilo de vida homossexual. Enquanto continuava estudando a Bíblia, percebeu que a homossexualidade não fazia parte do plano de Deus como forma de expressão sexual. Mas por que, então, ele sentia uma atração tão forte por outros homens? Cheio de sentimentos ambivalentes, compartilhou suas lutas com Júlia. Tinha medo de que ela o rejeitasse quando ficasse sabendo.

Sua primeira reação o deixou em estado de choque. Ela lhe deu o abraço mais forte e longo que ele já havia recebido de alguém e disse:

— Puxa, Robert, fico tão feliz de você estar sendo sincero comigo. Há esperança. Deus pode cuidar do seu problema.

Robert não tinha certeza disso, mas estava disposto a dar uma chance a Deus. Júlia apresentou Robert a seu pastor que, por sua vez, o encaminhou para um conselheiro cristão, que não apenas ajudou Robert a compreender seus sentimentos sexuais, mas também confirmou a crença de Júlia no fato de que a distorção dos sentimentos, assim como outras emoções desvirtuadas, podiam ser transformadas.

Para Robert, foi uma viagem que mudou sua vida. Essa experiência não apenas dissipou sua atração por pessoas do mesmo sexo como também conduziu Robert à descoberta e ao desenvolvimento de seus sentimentos heterossexuais. Juntamente com Júlia, Robert continuou a participar ativamente do grupo de estudo bíblico e de seus serviços à comunidade.

Depois da formatura, Robert e Júlia se casaram e foram para o seminário. Robert acreditava que Deus o havia chamado para o ministério.

Enquanto estava no seminário, Robert trabalhava meio período como assistente social, e Júlia tinha um emprego num banco. Os dois estavam envolvidos ativamente no ministério com hispânicos em sua igreja. Depois da formatura, Robert estava ansioso para começar o ministério em tempo integral, usando sua principal linguagem do amor a serviço do Senhor.

Quando foi chamado para uma cidade pequena no estado da Virgínia, ficou extasiado com as perspectivas para o futuro. No entanto, sua alegria foi transformada em lágrimas quando, três anos mais tarde, a igreja pediu que ele renunciasse. Na tentativa de ajudar outros, Robert havia sido franco sobre suas lutas passadas com a homossexualidade. Quando os diáconos ficaram sabendo, não o quiseram mais como pastor. Robert sofreu a dor da rejeição por ser sincero.

Sua fé foi fortemente abalada — não apenas nos cristãos aos quais ministrava, como também no próprio Deus.

— Como Deus pôde permitir que isso acontecesse quando estava me esforçando ao máximo para andar em honestidade e integridade diante dele?"

Ele se perguntou se Deus o havia abandonado. Havia entrado para a igreja com o propósito de servir a Deus; no entanto, havia perdido a oportunidade de servi-lo. Onde estava Deus no meio de tudo isso?

O que Robert não sabia era que Deus tinha planos bem diferentes para sua vida. Hoje, Robert dirige um ministério bem-sucedido para homens e mulheres com problemas de homossexualidade. Muitos deles têm um estilo de vida homossexual ativo, mas estabeleceram um relacionamento com Deus e estão começando a experimentar o poder que ele tem para transformar sua vida. Não é um ministério que ele teria escolhido para si. Seu desejo era deixar completamente para trás essa parte de sua vida e usar sua energia para pastorear uma igreja "normal".

O que Robert está descobrindo é que foi preparado por Deus de modo singular para o ministério no qual se encontra envolvido agora. No entanto, foi necessário que a disciplina de Deus tomasse dele o seu ministério "normal", a fim de guiá-lo para o ministério que Deus havia planejado para ele.

Foi uma experiência dolorosa? Sem dúvida. Aqueles diáconos transgrediram princípios cristãos nas atitudes que tomaram? Com certeza. No entanto, Deus usou tudo isso para falar profundamente ao espírito de Robert e abrir seu coração para o ministério que Deus havia preparado para ele.

Algumas vezes, nossos esforços sinceros de amar a Deus ao servir outras pessoas serão frustrados — talvez pela atuação direta de Satanás, talvez por cristãos bem intencionados. No entanto, por trás de tudo isso está a mão e a voz de Deus guiando seus filhos pelo melhor caminho para eles. Para aqueles cuja principal linguagem do amor são os gestos de serviço, essa pode ser a disciplina amorosa mais severa de Deus. Contudo, pode ser a única forma de chamar nossa atenção de modo profundo para nos motivar a buscar novas orientações de Deus para nossas formas de expressar amor por ele.

Quando as palavras de elogio são a principal linguagem do amor

Brad falava outra linguagem do amor. Sentia-se estimulado por palavras de elogio. Durante o final do ensino fundamental, teve aulas de guitarra e, no início do ensino médio, foi convidado a participar de um grupo de *rock*. Brad sentiu a aceitação e aprovação dos membros do grupo. Apesar de seus amigos e ele só tocarem em algumas festas de aniversário, Brad recebia palavras de elogio de seus pais por seu talento musical. O grupo tentou gravar uma fita de demonstração, mas não conseguiu e, no segundo ano do ensino médio, a banda se desfez.

Brad dedicou-se a outras atividades, mas na faculdade retomou o interesse pela música e cursou educação musical. Apesar de seus pais o encorajarem verbalmente, ele não recebeu muito estímulo de seus professores, e sua carreira musical estagnou-se. Brad acabou resolvendo mudar para o curso de administração e suas notas melhoraram consideravelmente.

Brad nunca pensou muito em Deus nem em questões espirituais, mas depois de sua formatura, conseguiu emprego numa pequena empresa criada e administrada por cristãos fervorosos. Todos os dias, eles começavam as atividades do escritório com uma oração. O ambiente era dominado por atmosfera de empolgação e de estímulo. Nos primeiros seis meses de trabalho, Brad ouviu falar mais de Deus do que em toda sua vida. Havia algo naquilo tudo que o deixava intrigado. Aquelas pessoas pareciam ser extremamente felizes e elogiavam muito seu trabalho.

Foi nesse contexto que Brad passou a ler a Bíblia. Começou com a vida de Jesus segundo o relato do apóstolo João. Ficou apaixonado pelas palavras de Jesus, especialmente pela descrição dele como "o bom pastor" que "dá a vida pelas ovelhas". Brad leu a declaração de Jesus: "Por isso, o Pai me ama, porque eu dou a minha vida para a reassumir. Ninguém a tira de mim; pelo contrário, eu espontaneamente a dou. Tenho autoridade para a entregar e também para reavê-la"[7]. *Era possível que Jesus estivesse prenunciando sua próprio morte e ressurreição?*, perguntava-se Brad.

Depois, leu as palavras de Jesus a Marta, a irmã de Lázaro. "Eu sou a ressurreição e a vida. Quem crê em mim, ainda que morra, viverá"[8]. Perto de concluir sua leitura do Evangelho de João, Brad estava preparado para as palavras do capítulo 20, versículos 30-31: "Na verdade, fez Jesus diante dos discípulos muitos outros sinais que não estão escritos neste livros. Estes, porém, foram registrados para que creiais que Jesus é o Cristo o Filho de Deus, e para que, crendo, tenhais vida em seu nome".

De acordo com Brad:

— Alguma coisa bem no fundo de meu ser respondeu e eu disse em voz alta: "Eu creio". Naquele momento, minha vida foi transformada para sempre.

Brad havia estabelecido seu relacionamento com Deus.

Os seis meses seguintes foram uma tremenda aventura, enquanto Brad estudava os ensinamentos das Escrituras. Resolveu freqüentar a igreja dos donos de sua empresa, onde passou a fazer parte imediatamente de uma classe de escola dominical para novos cristãos. Logo começou a aprender a compartilhar sua vida com Deus.

— Nunca vou me esquecer da primeira vez em que orei — disse Brad. — Comecei falando: "Querido Deus, não entendo muito sobre conversar contigo, mas se tu estiveres disposto a me ouvir, tenho algumas perguntas que gostaria de fazer". Desde então, faço as perguntas e ele responde.

A parte do culto de que Brad mais gostava era a música. Pronunciava, nas letras dos cânticos, palavras que jamais havia cantado antes, e elas expressavam os verdadeiros sentimentos de seu coração. Não demorou muito para que lhe ocorresse a idéia de que talvez devesse participar do coral. As palavras de elogio eram sua principal linguagem do amor, mas, no primeiro ensaio, descobriu que não possuía o dom de cantar.

— Nunca vou me esquecer da primeira noite em que Brad veio para o ensaio — disse o líder do ministério de música algum tempo depois. — Eu sabia que ele estava presente, pois consegui ouvi-lo antes de vê-lo. Estava desafinado e fora de ritmo.

Quando o diretor de música percebeu que Brad queria muito cantar no coral, dedicou algum tempo a dar aulas particulares para ajudá-lo, mas logo percebeu que Brad não ia conseguir. Foi gentil, porém sincero, e sugeriu que Brad precisava procurar outra área de ministério.

Qual foi a reação de Brad?

— Foi a experiência mais arrasadora com a qual me deparei desde que havia me tornado um cristão. A princípio, achei que era o diretor musical que estava errado. Afinal, eu havia participado de um grupo de *rock* no ensino médio e estudei música na faculdade. Como podia dizer que eu não tinha "o dom de cantar"? Mais tarde, alguns amigos confirmaram o diagnóstico do líder do ministério de música e acabei aceitando minhas limitações musicais. Acho que o motivo de esse episódio ter sido tão difícil foi o fato de considerar o cântico uma forma de expressar louvor a Deus. Mas, agora, percebo uma coisa que não conseguia enxergar naquela época. Eu estava certo, mas se queria entoar palavras de adoração a Deus, deveria fazê-lo quando estivesse sozinho e não atrapalhando outros adoradores ao Senhor com minha voz desafinada.

Tudo isso aconteceu muitos anos atrás. Brad tornou-se um homem de negócios bem-sucedido. Quanto à sua linguagem do amor, ele se tornou também um dos melhores professores de estudos bíblicos de sua igreja. Nos últimos vinte anos, suas aulas são sempre concorridas. As pessoas convidam os amigos para participar de sua classe e nunca se decepcionam. As aulas de Brad são criativas, cheias de vida e de novas descobertas interessantes.

As palavras de elogio ainda são a principal linguagem do amor de Brad, e ele expressa seu amor ao Senhor ensinando as verdades de Deus para centenas de pessoas todos os anos. Foi a disciplina amorosa contida nas palavras dolorosas de um diretor musical (e, em última instância, de Deus) que chamaram a atenção de Brad e o colocaram no rumo certo.

Para aqueles de nós que, como Brad, têm nas palavras de elogio sua principal linguagem do amor, as palavras de crítica ou de correção causam muita dor. No entanto, se procuramos ouvir a voz de Deus, podemos descobrir que tais palavras são a expressão mais vívida de seu amor por nós. Quando Deus nos colocar onde precisamos estar, voltaremos a ouvir palavras de elogio daqueles para os quais ministramos.

A disciplina de Deus nem sempre acontece como uma atitude por causa de nosso comportamento pecaminoso. Com freqüência, o Senhor deseja canalizar nossos esforços sinceros de adorá-lo e de servi-lo para um modo mais produtivo de agir. Mesmo que nossa primeira reação seja a de nos retrairmos por causa da dor e de questionarmos a Deus por causa do que ele está fazendo, se fizermos nossas perguntas com franqueza e ouvirmos atentamente "o sussurro tranqüilo e suave" da voz de Deus, muito provavelmente descobriremos que, em nossos momentos de maior agonia, Deus está nos amando da maneira mais intensa possível.

Capítulo dez

Quando o amor prevalece

Conheci Michael Cassidy quando estava sentado no belíssimo Sheldonian Theater, na Universidade de Oxford, Inglaterra. Ele foi apresentado como uma das vinte pessoas mais importantes para o processo de transição do *apartheid* para as eleições democráticas na África do Sul. Fiquei fascinado com sua história.

— Fui para Cambridge a fim de estudar Direito, mas em duas semanas conheci a Cristo. Billy Graham visitou a universidade e ouvi o chamado simples, porém irresistível, do evangelho.

Michael completou seus estudos em Cambridge, fez doutorado numa universidade norte- americana e, então, sentiu-se chamado para a África do Sul. Sua visão era organizar cruzadas evangélicas voltadas para cidades inteiras, como aquelas realizadas por Billy Graham. O que descobriu foi um país cuja população, em sua maioria, não era branca, mas cujo governo era totalmente dominado pelos brancos, parte de um sistema profundamente arraigado de *apartheid*.

Nas palavras de Cassidy:

— Estava convencido de que o *apartheid* era uma expressão do mal. Sabia que precisava enfrentar o fogo que viria quando me opusesse a ele.

Anos antes, quando estudava no seminário, desenvolvera a convicção de que o evangelho de Cristo possuía compromisso tanto com a salvação de almas como com a dignidade da vida humana. A preocupação espiritual não podia ficar separada da preocupação social.

— Justiça é a estruturação do amor — disse Cassidy.

Ele trouxe à memória do público como John e Charles Wesley haviam desafiado as estruturas injustas e como o comércio de escravos acabou sendo abolido.

— As transformações morais trouxeram consigo transformações sociais — disse ele.

Confrontando o *Apartheid*

Cassidy decidiu encarar o *apartheid* de frente. Havia 40 milhões de pessoas na África do Sul que se diziam cristãs, mas a maioria não tinha interesse em aplicar o cristianismo às estruturas sociais da vida.

Para Cassidy, a palavra de Deus ao profeta Jeremias tornou-se um farol na escuridão. "Eu é que sei que pensamentos tenho a vosso respeito, diz o Senhor; pensamentos de paz, e não de mal, para vos dar o fim que desejais. Então, me invocareis, passareis a orar a mim, e eu vos ouvirei. Buscar-me-eis e me achareis quando me buscardes de todo o vosso coração"[1].

— Essas palavras foram ditas a Israel nos dias mais sombrios do cativeiro na Babilônia. Deus tinha planos para o Israel Antigo e sabíamos que Deus tinha planos para nós também — acreditava Cassidy. — Somos um povo cheio de esperança e sabíamos que Deus já estava operando na África do Sul.

Os anos seguintes foram difíceis. Como líder do movimento contra o *apartheid*, Cassidy foi acusado pela polícia de trabalhar para a CIA. Seu próprio sobrinho recusou-se a lutar no exército que defendia o *apartheid* e, por isso, passou seis anos na prisão.

A oposição a Cassidy vinha não apenas dos líderes do governo, mas também de muitos cristãos brancos satisfeitos com sua posição na sociedade. Ele estava convicto de que a justiça absoluta fazia parte do caráter de Deus e de que, pelo fato de o homem ser criado à imagem de Deus, todos os homens têm um senso de ordem moral. Ele acreditava que "o *apartheid* era contrário à natureza do universo. No entanto, o maior desafio era agir em amor". Somente Deus poderia tocar o coração das pessoas e dar uma resolução pacífica.

Assim, em abril de 1983, Cassidy conclamou o país a orar. Liderou uma corrente de oração durante vinte e quatro horas que se concentrou em orar pela nação. Essa corrente de oração continuou por dois anos; dia e noite, cristãos oravam por orientação divina em sua nação. Por todo o país, pessoas oravam — até mesmo no corredor da morte, onde quarenta e dois prisioneiros faziam parte da corrente.

O amor que desafia

Então, Cassidy e sua equipe começaram a organizar retiros de fim de semana reunindo um número igual de brancos e de negros. Os encontros tinham a finalidade de que as pessoas compartilhassem suas histórias de vida. Cada pessoa relatava a sua. Um cristão negro compartilhou sua experiência de ter sido colocado num buraco e coberto de terra, ficando somente com a cabeça para fora; então, os brancos urinaram nele. A realidade das atrocidades que haviam ocorrido começaram a tocar o coração de brancos e de negros, e as muralhas da hostilidade começaram a ruir. Líderes de várias igrejas começaram a envolver-se no clamor por justiça. O enfoque era em Deus e em sua orientação para aquele país.

Numa determinada ocasião, quarenta milhões de cristãos foram desafiados a faltar ao trabalho e passar um dia orando. Aquele dia de oração não só paralisou a nação, mas também voltou os olhos do povo para Deus. Quando, em seu devido tempo, os líderes políticos concordaram em encontrar-se a fim de tentar realizar um novo acordo para o processo político nacional, houve momentos de grande tensão. Depois de vários dias de negociação, a impressão era a de que o processo todo iria desmoronar. Foi então que Cassidy e outros organizaram uma reunião de oração num estádio de *rugby*. Mais de trinta mil pessoas compareceram para orar. Enquanto os líderes políticos se reuniam na administração do estádio, os cidadãos oravam. Mais tarde, os relatos da mídia afirmariam que foi a "mobilização da paz em Jesus" que mudou o rumo dos acontecimentos. A paz prevaleceu e foram permitidas eleições democráticas, que ocorreram também de modo pacífico.

Nas palavras de Cassidy,:

— Tivemos de enfrentar a realidade de que somente Deus poderia mudar o coração dos homens e acabar com o *apartheid* de modo pacífico. Foi preciso confissão e arrependimento, mas Deus interveio na história humana. Grandes coisas acontecem quando as engrenagens dos relacionamentos são postas para funcionar[2].

Quando o amor prevalece, as estruturas sociais humanas podem ser transformadas. Podemos nos aproximar um pouco mais do ideal de justiça perceber a verdade das palavras de Cassidy. "Justiça é a estruturação do amor". De acordo com Cassidy, somente o amor tem, em si, o potencial de elevar o nível de justiça na sociedade humana. No entanto, por causa da realidade do mal, tal amor jamais será expresso sem oposição.

O amor que sacrifica

Cassidy descreveu as muitas atrocidades que ocorreram durante a luta por mudanças na África do Sul. Em alguns desses eventos, o amor cristão prevaleceu, pagando por isso alto preço. As tribos hutu e tutsi, por exemplo, sempre foram inimigas, mas o amor de Cristo trouxe membros das duas tribos para uma mesma igreja. Certo domingo de manhã, enquanto ex-inimigos adoravam juntos, a milícia cercou a igreja. Exigiram que todos os membros da tribo hutu saíssem do templo.

Os cristãos hutus sabiam o que estava prestes a acontecer: seus irmãos tutsi seriam massacrados. Não podiam abandonar seus irmãos em Cristo, de modo que se recusaram a sair do templo. Uma vez que a notícia de sua recusa chegou aos ouvidos dos líderes militares, a milícia invadiu a igreja. Momentos depois, todas as quinhentas pessoas presentes, tanto hutus quanto tutsis, estavam mortas. Os cristãos hutus eram seguidores de Jesus, aquele que disse: "Eu sou o bom pastor. O bom pastor dá a vida pelas ovelhas". O amor prevaleceu!

Nem todos os problemas da África do Sul foram resolvidos com as eleições democráticas. Nem sempre o amor prevaleceu, mas onde há pessoas que verdadeiramente amam a Deus, as relações humanas são diferentes. Cassidy tinha razão: "Grandes coisas acontecem quando as engrenagens dos relacionamentos são postas para funcionar". E o óleo que lubrifica as engrenagens dos relacionamentos é o amor. Não há poder que tenha mais potencial para transformar os relacionamentos humanos do que o poder do amor.

O amor que muda os planos

O amor a Deus pode mudar drasticamente os planos de uma pessoa. Larry Pepper é médico e professor no Hospital Universitário de Mbarara, em Uganda. No entanto, antes de 2 de janeiro de 1996, o Dr. Pepper dedicava-se a uma vocação completamente diferente. Como cirurgião da força aérea a serviço da National Aeronautics Space Administration (Nasa), ele trabalhava no processo de seleção médica de astronautas no Johnson Space Center em Houston. Durante os lançamentos de ônibus espaciais, ia para o Kennedy Space Center, na Florida, onde liderava as equipes médicas de emergência e, em caso de acidentes também ia para o local de pouso para dar assistência em processos de recuperação da tripulação.

Durante os sete anos em que trabalhou para a Nasa, o Dr. Pepper participou de mais de quinze missões, incluindo a primeira enviada para fazer reparos no telescópio espacial Hubble. Seu sonho era, um dia, fazer um vôo espacial.

Membros ativos da igreja e profundamente comprometidos com Jesus Cristo, ele e sua esposa, Sally, criavam três filhos. Agora, vive do outro lado do mundo, em Uganda, na África, sacrificando seu sonho e um estilo de vida estável. O que aconteceu? Em meio à sua carreira de sucesso, o Dr. Pepper recebeu uma mensagem de Deus. Nas palavras dele, a mensagem foi: "Você entregou tudo a mim menos seu trabalho".

— Aquele foi o ponto crítico — diz Pepper. — Orei e disse a Deus que desejava ser colocado onde ele nos quisesse.

Larry e Sally começaram a orar pedindo a orientação de Deus. Alguns meses depois, Larry fez uma viagem como voluntário para o Zaire, a fim de trabalhar com refugiados de Ruanda. Lá, encontrou o missionário Larry Pumpelly, que lhe falou da necessidade de um médico no Hospital Universitário Mbarara em Uganda. O Dr. Pepper soube, em seu coração, que essa era a orientação de Deus.

Depois de sua decisão de tornar-se missionário, Larry foi escolhido como finalista para ser astronauta em uma missão. Ele considerou isso um teste. Verdadeiramente amava a Deus mais do que a seu antigo sonho?

O amor prevaleceu e, desde 1996, Larry e Sally têm demonstrado o amor de Deus tanto a pacientes como a estudantes residentes. Dentre outras coisas, o doutor estruturou um programa de atendimento a pacientes com Aids.

— Ao tratar do aspecto espiritual, realizamos algo que outras organizações que lidam com a Aids não fazem — disse Pepper.

Expressou seu grande consolo em saber que, apesar de os pacientes com Aids acabarem morrendo, muitos deles tiveram a certeza do amor de Deus e da vida eterna antes de falecer. Procura treinar jovens médicos nacionais mostrando o que significa ser um médico cristão comprometido com a ministração do amor junto a cuidados médicos. Toda quinta-feira à noite, coordena um estudo bíblico para residentes. Nas noites de sexta-feira, ele e Sally oferecem uma alternativa para os bares de Mbarara: "TGIF" ("Thank God It's Friday" *(Graças a Deus é Sexta-Feira).* Nesse programa, estudantes de medicina podem participar de jogos, assistir filmes e discutir conceitos bíblicos.

No domingo de manhã, os Peppers lideram sua "igreja". Sally prepara a clínica pré-natal do hospital para o culto e faz um estudo bíblico com as crianças. Depois que Larry visita os pacientes, dirige o culto. Nas noites de domingo, os dois dirigem um estudo bíblico para alunos e alunas da escola de medicina e, nesse período, procuram aplicar os ensinamentos de Jesus à realidade desses jovens ugandenses dedicados à vocação médica[3]. Para esse casal, o amor prevalece.

Quando "aqueles que amam a Deus" não praticam o amor

Seis semanas atrás, fiz minha própria viagem para a África. Não para Uganda, mas para Benim, um país na África Ocidental. Estava na cidade litorânea de Cotonou, sentado no num quarto no terceiro andar de um pequeno hotel. Naquele momento, não havia água. O pessoal da recepção dizia:

— Já encomendamos mais e vai chegar amanhã.

Estava me sentido um tanto frustrado e voltei meus pensamentos para Deus. Quase imediatamente, fui lembrado de que, se estava me sentido desamparado e achando que minha vida estava fora de controle, deveria pensar nas centenas de milhares de mulheres e de homens negros que partiram em embarcações dessas mesmas praias e, contra sua vontade, foram levados para trabalhar em fazendas pertencentes a meus ancestrais. Escrevi as seguintes palavras em meu diário:

"Sentado aqui, na África Ocidental, me dou conta das atrocidades da escravidão e de como a igreja cristã na Inglaterra e nos Estados Unidos participou dessa prática profana, por isso meu coração se entristece. Pergunto-me se os negros de nossa geração poderiam ouvir falar do amor de Deus por meio de brancos. Somente o próprio Deus pode ajudar qualquer um de nós a olhar além de toda a escória e ver o Redentor."

A cada geração, existem aqueles que declaram ter como ocupação "amar a Deus" e cujo comportamento contradiz essa declaração. Trata-se daqueles que poluem o rio do amor de Deus. No entanto, toda geração também tem seus John Wesleys, William Wilberforces, Harriet Beecher Stowes e milhares de outros cujos nomes jamais chegaram aos livros de história. Essas são as vozes que clamam na escuridão e que declaram que a exploração humana é errada, seja qual for o motivo. Cristo veio para salvar e não para explorar. "Como vocês podem dizer que amam a Deus, a quem não vêem, quando não amam a seu irmão, a quem podem ver?"[4] Jesus fez uma distinção que continua sendo verdadeira ao longo da história humana. Há uma diferença entre o que se professa e o que se pratica. As palavras não correspondem aos atos.

Sentado naquele quarto, no terceiro andar do hotel, lembrei-me não apenas das atrocidades do passado, mas também dos milhares de verdadeiros seguidores de Cristo que desembarcaram naquelas mesmas praias da África Ocidental simplesmente para amar. Se alguém atravessasse esse continente imenso, encontraria, literalmente, milhares de hospitais, clínicas, faculdades, universidades, escolas de medicina e projetos sociais fundados por missionários que amavam a Deus mais do que a uma vida de conforto.

Não é à toa que a África Ocidental é chamada de "cemitério dos missionários". Um obreiro de um dos pequenos grupos de missionários com os quais me encontrei perdeu a esposa quando ela estava com trinta e dois anos. Quase todos os missionários contraíram malária uma ou mais vezes. Quatro deles haviam ficado sob a mira de armas, tinham sido amordaçados e roubados. Muitos viviam em vilas extremamente inacessíveis durante a estação das chuvas. Mas todos tinham uma paixão por Deus e um amor que não pode ser impedido pela oposição.

Não eram exploradores cuja emoção vinha da descoberta de uma nova cachoeira; eram homens e mulheres que experimentaram o amor de Deus por intermédio de Jesus Cristo nosso Senhor. Estavam investindo sua vida na missão de levar esse amor a outros.

E onde quer que vão, o amor sempre prevalece.

O relacionamento com Deus: motivação e poder de amar

Amor religioso *versus* amor divino

Amar é buscar o bem do outro. Pelo fato de o homem ser feito à imagem de Deus e de a natureza de Deus ser caracterizada pelo amor, algo no coração de todas as pessoas aceitará o amor. De acordo com nosso raciocínio, amar é a coisa certa a fazer. No entanto, as pessoas também estão separadas de Deus e, em nosso estado natural, a tendência é amar a quem nos ama. A regra hoje em dia é: "Farei tudo por seu bem-estar desde que você faça tudo pelo meu". Esse paradigma de amor é a base para a maioria das religiões do mundo. Assim, o amor expresso por aqueles comprometidos com um modo de vida religioso normalmente volta-se para aqueles que fazem parte de seu grupo.

Jesus foi radical. Ao falar para um grupo religioso como esse, ele disse: "Ouviste o que foi dito: Amarás o teu próximo e odiarás o teu inimigo. Eu, porém, vos digo: amai os vossos inimigos e orai pelos que vos perseguem". O próprio Deus era a base desse nobre desafio. Jesus disse que Deus "faz nascer o seu sol sobre os maus e bons e vir chuvas sobre justos e injustos. Porque, se amardes os que vos amam, que recompensa tendes? [...] E, se saudardes somente os vossos irmãos, que fazeis de mais? não fazem os gentios também o mesmo?"[5] Jesus faz uma distinção clara entre o amor com motivação religiosa e o amor com motivação divina.

Aqueles que estabeleceram seu relacionamento com Deus jamais se contentaram em apenas amar aqueles que os amam.

A questão é: como posso me desvencilhar da força do amor terreno, a fim de experimentar a liberdade do amor divino? Estou certo de que a resposta consiste em levar nossa fraqueza àquele que é forte, a saber, Jesus de Nazaré.

Jesus disse as seguintes palavras a um grupos de pessoas religiosas que declaravam conhecer a Deus como Pai:

> *Se Deus fosse, de fato, vosso pai, certamente, me havíeis de amar; porque eu vim de Deus e aqui estou; pois não vim de mim mesmo, mas ele me enviou. Qual a razão por que não compreendeis a minha linguagem? É porque sois incapazes de ouvir a minha palavra. Vós sois do Diabo, que é vosso pai, e quereis satisfazer-lhe os desejos. Ele foi homicida desde o princípio e jamais se firmou na verdade. Quando ele profere a mentira, fala do que lhe é próprio, porque é mentiroso e pai da mentira. Mas, porque eu digo a verdade, não me credes. Quem é de Deus ouve as palavras de Deus; por isso, não me dais ouvidos, porque não sois de Deus.*[6]

Essas são palavras extremamente ríspidas, a menos que sejam verdade. No entanto, se são verdade, explicam por que pessoas religiosas encontram-se envolvidas com homicídios e mentiras em tantas ocasiões. Simplesmente seguem o exemplo de seu pai, o Diabo. São pessoas sinceras, mas sinceramente erradas.

Se a análise de Jesus é verdadeira, então a resposta para o dilema humano não se encontra na unificação das religiões do mundo, a fim de reuni-las e de transformá-las numa única e grande religião que instituirá a paz. As religiões do mundo, em separado ou em conjunto, em momento algum nos levaram a experimentar o tipo de amor divino sobre o qual Jesus falou. Nenhuma religião, nem mesmo a religião "cristã", chegou a gerar esse tipo de amor. Tal amor flui somente por meio daqueles que estabeleceram uma relação autêntica com Deus, dos que verdadeiramente seguem a Cristo. Assim como Cristo, não tem "cada um em vista o que é propriamente seu"; antes, "[preferem-se] em honra uns aos outros"[7].

O amor eterno de Deus

Saulo de Tarso, profundamente envolvido com a religiosidade antes de estabelecer um relacionamento com Deus, colocou a questão nos seguintes termos: "Dificilmente, alguém morreria por um justo; pois poderá ser que pelo bom alguém se anime a morrer. Mas Deus prova o seu próprio amor para conosco, pelo fato de ter Cristo morrido por nós, sendo nós ainda pecadores"[8]. O amor humano pode nos motivar a morrer por alguém que é bom. Sabe-se, por exemplo, de pais que morreram para que seus filhos pudessem viver. Irmãos doaram órgãos para irmãos, mas o amor humano não nos eleva a ponto de morrermos por nossos inimigos. Esse amor só flui de Deus e encontra-se à nossa disposição. Paulo disse, ainda: "o amor de Deus é derramado em nossos corações pelo Espírito Santo, que nos foi outorgado"[9].

As Escrituras são claras. Deus nos ama com amor eterno. Ele nos ama mesmo quando nos afastamos dele e trilhamos nossos próprios caminhos. Por ser absolutamente justo e santo, ele não aceita a pecaminosidade. As conseqüências de nossos pecados criam um abismo entre nós e Deus. No âmbito humano, um casal experimenta essa separação quando um cônjuge é infiel ao outro. A justiça exige reparação pelo mal. Mesmo nosso senso humano de justiça impõe tal exigência. No entanto, tendo em vista que o amor e a justiça de Deus são igualmente profundos, seu amor o levou a enviar Jesus, que viveu de modo perfeito e, ainda assim, suportou o castigo por nossas transgressões. Desse modo, as exigências da justiça foram cumpridas na cruz de Jesus Cristo.

A possibilidade do perdão divino

No contexto humano, Jesus morreu aos trinta e três anos de idade pela mão de pessoas religiosas. No entanto, do ponto de vista do céu, ele morreu como um ato de amor, a fim de pagar pelos pecados de todos aqueles que aceitam o perdão de Deus.

Desse modo, pouco antes de morrer, ele disse na cruz: "Está consumado!"[10] Ele não veio ao mundo para ter uma vida longa ou simplesmente para defender ensinamentos nobres. Ele veio para morrer, e seu propósito havia se cumprido. O que ocorreu naquele momento e três dias depois mudou para sempre a vida dos que crêem. O registro histórico é claro:

> *Eis que o véu do santuário se rasgou em duas partes de alto a baixo; tremeu a terra, fenderam-se as rochas; abriram-se os sepul-*

cros, e muitos corpos de santos, que dormiam, ressuscitaram; e, saindo dos sepulcros depois da ressurreição de Jesus, entraram na cidade santa e apareceram a muitos. O centurião e os que com ele guardavam Jesus, vendo o terremoto e tudo o que se passava, ficaram possuídos de grande temor e disseram: Verdadeiramente este era Filho de Deus"[11].

O que era esse véu que se rasgou de alto a baixo? Era o véu que se encontrava no templo e que separava o lugar Santo do Santo dos Santos. Somente o sumo-sacerdote tinha permissão de entrar no Santo dos Santos uma vez por ano e oferecer um animal como sacrifício pelos pecados do povo. Todas essas coisas eram símbolos de Jesus, o Cordeiro de Deus, que, de acordo com as Escrituras, "foi morto, desde a fundação do mundo"[12]. Quando, no contexto do tempo, Jesus, que existia na eternidade passada com Deus o Pai, entrou na história humana na forma de homem e tornou-se o Cordeiro sacrificado, os sacrifícios do templo tornaram-se desnecessários. O símbolo havia dado lugar à realidade, e toda humanidade poderia ser salva pela fé. Aqueles homens e mulheres santos que creram na mensagem de Deus e confiaram na morte do cordeiro sacrificial foram ressurretos dentre os mortos. E, na ressurreição de Jesus, foram levados por ele até o Pai, a fim de passarem a eternidade no céu.

A ressurreição de Jesus dentre os mortos é o acontecimento histórico mais documentado da história antiga. Os que examinaram as evidências da ressurreição, chegaram repetidamente à mesma conclusão: Jesus foi ressurreto dentre os mortos três dias depois de sua morte na cruz. Essa é a prova sobrenatural de que as palavras de Jesus eram dignas de confiança. Ele era, de fato, Deus encarnado, e as palavras que proferiu são verdadeiras. Aqueles que crêem e que tomam a iniciativa de aceitar o perdão de Deus recebem não apenas o perdão, mas também o Espírito Santo — o Espírito de Deus passa a habitar dentro deles e eles têm o amor de Deus para compartilhar com sua geração. Foi sobre isso que Paulo falou em Romanos 5.5: "o amor de Deus é derramado em nosso coração pelo Espírito Santo, que nos foi outorgado".

Isso é incrível!

Se essa é a primeira vez que você se depara com tais idéias, sei que elas parecem inacreditáveis. Mas sei, também, que, pelo fato de ser feito à imagem de Deus e de Deus amar você, há algo dentro de seu espírito que diz: "É verdade, sim". É o passo que você dá com base nessa resposta que o conduz a um relacionamento com Deus. As palavras que você diz a Deus não são importantes, mas o clamor de seu coração pode significar: "Deus, acho difícil acreditar que me amas tanto, mas abro meu coração para ti. Quero aceitar o teu perdão. Eu te agradeço porque Cristo pagou pelo castigo que eu merecia. Convido o teu Espírito a entrar em minha vida. Quero que ela seja um canal pelo qual o amor pode fluir. Entrego-me a ti para sempre".

Milhares de pessoas de diferentes culturas ao redor do mundo disseram palavras como essas a Deus e, ao fazê-lo, descobriram o amor e a vida eterna. À partir da vida dessas pessoas, o amor de Deus é expresso nas cinco linguagens do amor em todo o planeta e em todas as gerações. Uma a uma, as pessoas continuam respondendo ao amor divino e estabelecendo sua "relação com Deus".

Amor em preto e branco

Amigos improváveis

Durante trinta anos, um de meus amigos mais chegados é Clarence Shuler. Do ponto de vista humano, somos amigos improváveis. Nós dois nascemos no Sul dos Estados Unidos, Clarence numa família de negros, e eu numa família de brancos. A probabilidade de começarmos uma amizade, no final dos anos 1960, não era muito grande. As tensões raciais eram intensas; a integração entre raças nas escolas públicas não era aceita sem resistência. O ambiente cultural era pouco propício para relacionamentos inter-raciais.

Eu era um dos pastores de uma igreja formada só de brancos que havia acabado de construir um novo ginásio de esportes para os jovens. Durante uma das "noites de entretenimento para adolescentes", Clarence e seu amigo, Russell, entraram no ginásio. Não pude deixar de notá-los e, assim, fui até eles, me apresentei e lhes dei boas-vindas. Aparentemente, divertiram-se bastante naquela noite e começaram a vir às reuniões com regularidade.

Em nossos períodos de discussão, Clarence participava com toda liberdade. Não tinha medo de fazer perguntas. Seu espírito era sempre cordial.

Quando chegou a época de nosso retiro para os jovens, Clarence se inscreveu. Foi naquele final de semana que Clarence estabeleceu seu relacionamento com Deus. A noite de sexta-feira e o dia todo de sábado foram cheios de atividades divertidas. Na noite de sábado, dei uma palestra e terminei com a seguinte pergunta:

— Sua vida está completa ou falta alguma coisa?

Nas palavras do próprio Clarence, conforme ele contou mais tarde:

— Eu já havia percebido que alguma coisa estava faltando em minha vida. Achava que, se fosse escolhido para o time oficial de basquete do colégio, todos os meus problemas se resolveriam. Bem, depois que fui aceito no time, não demorou para eu perceber que ainda tinha os mesmos problemas! Precisava de Jesus Cristo em minha vida.

A oração atrás de uma caminhonete

Jamais me esquecerei da noite em que Clarence e eu nos ajoelhamos atrás de uma caminhonete e ele pediu a Jesus Cristo que perdoasse seus pecados e que entrasse em sua vida. Ao falar dessa experiência, Clarence diz:

— Minha vida mudou mesmo! Deus me deu uma paz interior que não me abandona seja quais forem as situações. Ele me ensinou sobre a liberdade de ser um indivíduo, de modo que não precisava mais seguir o resto do grupo para me sentir aceito. Mais do que tudo, comecei a experimentar a vida maravilhosa que Deus havia planejado para mim.

Em outra ocasião, Clarence comentou:

— Por mais empolgado que eu estivesse por ter me tornado um cristão, me incomodava o fato de um homem branco ter me levado a Cristo. Mais tarde, percebi que, para ele, a cor não fazia diferença e também não deveria fazer para mim. O que importava era que Cristo estava em minha vida!

Clarence continuou a participar ativamente de nosso grupo de jovens e começou a estudar a Bíblia por conta própria. Durante esse tempo, Karolyn e eu abríamos nossa casa para estudantes universitários toda sexta-feira à noite. Ele começou a freqüentar esses encontros de sexta regularmente. Passou a decorar trechos das Escrituras e a compartilhar sua fé com outros. Quando chegaram as férias, perguntei se ele estaria disposto a trabalhar como conselheiro no acampamento de nossa igreja. Confiamos a ele um grupo de meninos de treze anos de idade, todos brancos.

— Foi uma experiência da qual jamais me esquecerei — disse Clarence.

Ele terminou o ensino médio, cursou a faculdade e depois foi para o seminário. Desde os tempos de seminário, Clarence trabalha com várias organizações cristãs. Foi consultor para assuntos transculturais em igrejas, faculdades e outras instituições cristãs. Escreveu dois livros e vários artigos. É um marido e pai dedicado.

A solução para as tensões raciais

Clarence expressa com freqüência, em público e também em particular, o quanto valoriza minha participação em sua vida. Elogia minha coragem no final dos anos 1960 ao fazê-lo sentir-se aceito numa igreja só de brancos. Contudo, acho que foi ele o corajoso.

Clarence me ensinou muita coisa sobre o amor divino. Ensinou-me que o amor cobre uma multidão de pecados, transpõe barreiras raciais e está sempre disposto a perdoar. Quando Deus colocou Clarence Shuler em minha vida, estava demonstrando seu amor por mim.

Creio que a única solução para as tensões raciais de meu país e de outras nações ao redor do mundo é o amor divino. Entendo perfeitamente que as pessoas não podem dar aquilo que não receberam. A resposta não se encontra em mais sermões sobre o amor, mas sim em ajudar as pessoas, uma de cada vez, a estabelecer um relacionamento com Deus. Quando uma pessoa conhece a Deus e é controlada pelo seu Espírito, o amor flui livremente através dela.

Amai-vos uns aos outros

Enquanto estava na Terra, Jesus disse a seus seguidores: "Novo mandamento vos dou: que ameis uns aos outros; assim como eu vos amei, que também vos ameis uns aos outros. Nisto conhecerão todos que sois meus discípulos, se tiverdes amor uns aos outros"[13]. Jesus proclamou que o amor é a marca distintiva daqueles que são seus seguidores. Se desejamos ser instrumentos de Deus para ajudar outros em nossa geração a conhecerem a Deus de maneira pessoal, isso não acontecerá pela argumentação ou pela força, mas pelo amor divino.

Há vários anos, Nicky Cruz, um drogado e líder de uma gangue nas ruas de Nova York, confrontou David Wilkerson, um jovem e fervoroso seguidor de Cristo.

— Se você chegar perto de mim, pastor, mato você" — advertiu Nicky.

— Pois faça isso! Pode me contar em mil pedaços e espalhá-los pela rua, que cada pedaço de mim iria amá-lo — respondeu Wilkerson[14].

Com o tempo, Nicky tornou-se um seguidor de Cristo. O amor prevalece.

Um relacionamento de amor que não tem fim

Chegamos a Deus como indivíduos, mas uma vez que estabelecemos uma relação com ele, Deus nos aceita em sua família. Para o resto de nossa vida e por toda a eternidade, nunca mais ficaremos sozinhos. Pertencemos uns aos outros[15]. Na família de Deus, nosso relacionamento é mais forte que os laços de sangue. Estamos aqui para ser uma bênção uns para os outros e juntos, alcançando aqueles que estão fora da família e tornando-nos agentes do amor de Deus para eles.

Recebendo amor nas cinco linguagens

Seja qual for a linguagem do amor que Deus usou para nos falar e para atrair-nos para si, essa será a linguagem que usaremos com mais naturalidade para expressar nosso amor a Deus. Contudo, não devemos parar por aí. Começamos um relacionamento incrível de amor com Deus. O desejo dele é que aprendamos a receber seu amor nas cinco linguagens. O apóstolo Paulo expressou essa verdade da seguinte forma:

> *Por esta causa, me ponho de joelhos diante do Pai, de quem toma o nome toda família tanto no céu como sobre a terra, para que, segundo a riqueza da sua glória, vos conceda que sejais fortalecidos com poder, mediante o seu Espírito no homem interior; e, assim, habite Cristo nos vosso coração, pela fé, estando vós arraigados e alicerçados em amor, a fim de poderdes compreender com todos os santos qual é a largura, e o comprimento, e a altura, e a profundidade, e conhecer o amor de Cristo, que excede todo o entendimento, para que sejais tomados de toda a plenitude de Deus.*
>
> *Ora, àquele que é poderoso para fazer infinitamente mais do que tudo quanto pedimos ou pensamos, conforme o seu poder que opera em nós, a ele seja a glória na igreja e em Cristo Jesus, por todas as gerações, para todo o sempre. Amém!*[16]

É óbvio: nosso relacionamento com Deus não termina quando estabelecemos um relacionamento com ele. Na verdade, isso é só o começo. Também fica claro que esse relacionamento de amor com Deus está associado a outros membros da família.

Articulando o amor nas cinco linguagens

Assim, à medida que aprendemos a receber o amor de Deus nas cinco linguagens do amor, também começamos a aprender como usar essas linguagens com outros membros da família e com os de fora da família.

Você terá facilidade em demonstrar amor usando sua principal linguagem do amor. Aprender a falar as outras quatro linguagens pode exigir tempo e esforço. No entanto, devemos nos lembrar de que somos apenas canais do amor de Deus. Não geramos amor. Lembre-se do que o apóstolo Paulo escreveu: "O amor de Deus é derramado em nossos corações pelo Espírito Santo, que nos foi outorgado".

Não amamos os outros para sermos aceitos por Deus; amamos porque ele, em sua graça, nos aceitou como parte de sua família e nos amou. Respondemos ao amor dele. Depois, tornamo-nos canais do amor divino para outros.

Deus nos criou para vivermos em comunhão uns com os outros. Aprender a expressar o amor de Deus nas cinco linguagem do amor nos tornará ainda mais úteis dentro da família. Quando o amor prevalecer na comunidade cristã, o mundo sem Cristo virá bater à nossa porta, pois anseia desesperadamente por esse amor. Mais uma vez, ouvimos as palavras de Jesus: "Novo mandamento vos dou: que ameis uns aos outros; assim como eu vos amei, que também vos ameis uns aos outros. Nisto conhecerão todos que sois meus discípulos, se tiverdes amor uns aos outros".

O amor é a marca distintiva do cristão. Quando o amor de Deus flui por meio de nós nas cinco linguagens, tornamo-nos instrumentos do Senhor ajudando indivíduos a estabelecer um relacionamento com Deus e a entrar para sua família. Quando isso ocorre, o amor prevalece!

Epílogo:

Deus fala a linguagem que conhecemos

Este livro está sendo lançado exatamente um ano depois que os Estados Unidos foi atacado pela primeira vez em seu território nacional. No dia 11 de setembro de 2001, terroristas atiraram aviões comerciais de encontro ao World Trade Center, na cidade de Nova York, e no Pentágono; outro avião comercial caiu em terra quando passageiros heróicos lutavam contra os seqüestradores pelo controle da aeronave. Quase quatro mil cidadãos norte-americanos morreram em Nova York e Washington, D.C., nas mãos de zelotes religiosos delirantes. Mais um exemplo de que as religiões humanas não contêm o segredo da paz.

O propósito deste livro não é de chamar as pessoas a uma devoção religiosa mais intensa. Os indivíduos que estavam no comando dos aviões que destruíram as duas torres do World Trade Center e parte do Pentágono possuíam a mais fervorosa devoção religiosa. Estavam dispostos a sacrificar a própria vida por suas crenças.

As religiões do mundo revelam a busca do homem pelo transcendente, mas não saciam a sede da alma humana. O cristianismo, quando praticado como religião, não é diferente. Milhares de pessoas que professam ser cristãs nunca estabeleceram um verdadeiro relacionamento com Deus. Para elas, o cristianismo é sua religião – um conjunto de crenças e de certas práticas religiosas, como freqüentar a igreja, dar dinheiro, repetir orações de cor e tentar ser um bom cidadão. Esperam ir para o céu quando morrem, mas não têm nenhuma garantia disso, pois não têm um relacionamento com o Deus do céu.

São "cristãos culturais". Consideram-se cristãos, pois cresceram em um lar no qual a religião de seus pais era o cristianismo.

Além de uma religião cultural

Tais cristãos culturais são como budistas, hindus, judeus ou muçulmanos por herança cultural. Seguem a religião dos pais. É a religião de conveniência. Reconhecem seus próprios anseios por algo transcendente, e sua religião oferece um meio de expressar essa fome espiritual, que nunca é verdadeiramente saciada.

Muitas vezes, a religião "vacina" a pessoa contra um relação sincera com Deus. Nesse sentido, as religiões tornam-se grilhões de Satanás, impedindo que as pessoas experimentem uma verdadeira liberdade espiritual. A recusa em refletir sobre uma resposta pessoal ao amor de Deus, pois "tenho minha própria religião", é prova do poder tremendo da "vacina" religiosa.

No entanto, em todas as gerações e nas mais diversas culturas, sempre houve pessoas dispostas a olhar além da religião cultural à procura do amor de Deus. Sua busca foi recompensada pelo Deus que disse: "Buscar-me-eis, e me achareis, quando me buscardes e todo o vosso coração".

O Deus que revela seu amor

O Deus que revelou seu amor a Abraão, Isaque, Jacó, José, Moisés, Isaías, Jeremias, Ezequiel e Malaquias é o mesmo que expressou seu amor de forma suprema ao tornar-se homem e nascer sob uma estrela em Belém. Ele é o mesmo Deus que demonstrou seu amor aos humildes pescadores chamados Pedro, Tiago e João; a um coletor de impostos chamado Mateus; a um médico chamado Lucas e a um zeloso defensor da religião chamado Saulo de Tarso. Ele é o mesmo Deus que opera no mundo nos dias de hoje e que continua a expressar seu amor por pessoas como aquelas que conhecemos neste livro. A boa notícia é que ele ama a você e a mim tanto quanto ama a qualquer outra pessoa. Fomos feitos à sua imagem, e ele anseia por ter um relacionamento conosco.

Além disso, Deus expressa amor por você usando sua principal linguagem do amor:

- Àqueles que entendem a linguagem do amor das palavras de elogio, Jesus diz: "Vinde a mim todos os que estais cansados e sobrecarregados, e eu vos aliviarei. Tomai sobre vós o meu jugo, e aprendei de mim, porque sou manso e humilde de coração; e achareis descanso para as vossas almas. Porque o meu jugo é suave e o meu fardo é leve"[1].
- Àqueles cuja principal linguagem do amor são os presentes, Jesus diz: "As minhas ovelhas ouvem a minha voz; eu as conheço e elas me seguem. Eu lhes dou a vida eterna; jamais perecerão, eternamente, e ninguém as arrebatará da minha mão"[2].
- Àqueles que desejam tempo exclusivo, as Escrituras dizem: "Chegai-vos a Deus e ele se chegará a vós outros"[3].
- Àqueles cuja linguagem do amor consiste de gestos de serviço, Jesus diz a respeito de si mesmo: "O filho do homem [...] não veio para ser servido, mas para servir e dar a sua vida em resgate por muitos". Quando aqueles que o conheciam melhor tentaram descrever a vida de Cristo em poucas palavras, simplesmente disseram, "andou por toda a parte, fazendo o bem e curando a todos os oprimidos do Diabo, porque Deus era com ele"[4].
- Àqueles que entendem melhor a linguagem do amor do toque físico, não há nada que toque mais profundamente do que a Encarnação de Cristo. O apóstolo João descreveu-a da

> seguinte maneira: "O que temos ouvido, o que temos visto com nossos próprios olhos, o que contemplamos e as nossas mãos apalparam [...] damos testemunho". Sobre a presença física de Jesus, João escreveu: "E o Verbo se fez carne, e habitou entre nós, cheio de graça e de verdade, e vimos a sua glória, glória como a do unigênito do Pai"[5]. Deus tornou-se homem a fim de tocar-nos. Se verificar os trinta e três anos de sua rápida jornada aqui na Terra, você o verá tocando crianças, leprosos, cegos e surdos. Seu toque trouxe cura e esperança a todos os que tiveram um encontro com ele.

Nós, que vivemos no século vinte e um, não tivemos o privilégio de observar de perto a vida e os ensinamentos de Jesus, mas o registro daquilo que ele disse e fez está à nossa disposição. Jesus afirmou claramente: "Se alguém me ama, guardará a minha palavra; e meu Pai o amará, e viremos para ele e faremos nele morada. Quem não me ama, não guarda as minhas palavras; e a palavra que estais ouvindo não é minha, mas do Pai que me enviou"[6]. Jesus declarou inequivocamente que, assim que voltasse para Deus, seu Pai, enviaria o Espírito Santo que "vos fará lembrar de tudo que vos tenho dito"[7].

Deus não deixou a redação do Novo Testamento apenas por conta de seres humanos. Ele guiou a mente dos foram testemunhas oculares de seus feitos. O apóstolo João, que andou com Jesus durante três anos e meio, indicou que seria impossível registrar tudo o que Jesus disse e fez. No entanto, afirmou claramente, "Estes [sinais], porém, foram registrados para que creiais que Jesus é o Cristo, o Filho de Deus, e para que, crendo, tenhais vida em seu nome"[8].

O Deus que dá o primeiro passo de amor

João também indicou explicitamente que foi Deus quem deu o primeiro passo de amor. "Nós amamos porque ele nos amou primeiro. Se alguém disser: Amo a Deus, e odiar a seu irmão, é mentiroso; pois aquele não ama a seu irmão, a quem vê, não pode amar a Deus, a quem não vê. Ora, temos, da parte dele, este mandamento, que aquele que ama a Deus ame também a seu irmão"[9].

Nesse texto, João estava repetindo as palavras de Jesus que, ao ser perguntado pelos líderes religiosos de sua época qual era "o grande mandamento na Lei", respondeu: "Amarás o Senhor, teu Deus, de todo o teu coração, de toda a tua alma e de todo o teu entendimento. Este é o grande e primeiro mandamento. O segundo, semelhante a este, é: Amarás o teu próximo como a ti mesmo. Destes dois mandamentos dependem toda a Lei e os Profetas"[10].

João resumiu essa idéia de forma bastante adequada:

> *Amados, amemo-nos uns aos outros, porque o amor procede de Deus; e todo aquele que ama é nascido de Deus e conhece a Deus. Aquele que não ama não conhece a Deus, pois Deus é amor. Nisto se manifestou o amor de Deus em nós: em nos haver Deus enviado o seu Filho unigênito ao mundo, para vivermos por meio dele.*
>
> *Nisto consiste o amor: não em que nós tenhamos amado a Deus, mas em que ele nos amou e nos enviou o seu Filho como propiciação pelos nossos pecados*[11].

Paulo, o apóstolo do primeiro século que não viu Cristo em carne e osso, mas foi "tocado" por Deus quando estava a caminho de perseguir aqueles que eram seguidores de Jesus, declarou:

> *O Deus que fez o mundo e tudo o que nele existe, sendo ele Senhor do céu e da terra, não habita em santuários feitos por mãos humanas. Nem é servido por mãos humanas, como se de alguma coisa precisasse; pois ele mesmo é quem a todos dá vida, respiração e tudo mais; de um só fez toda raça humana para habitar sobre toda a face da terra, havendo fixado os tempos previamente estabelecidos e os limites da sua habitação; para buscarem a Deus se, porventura, tateando o possam achar, bem que não está longe de cada um de nós; pois nele vivemos, e nos movemos e existimos [...] Porque dele também* somos geração.

> *Sendo, pois, geração de Deus, não devemos pensar que a divindade é semelhante ao ouro, à prata ou à pedra, trabalhados pela arte e imaginação do homem. Ora, não levou Deus em conta os tempos da ignorância; agora, porém, notifica aos homens que todos, em toda parte, se arrependam; porquanto estabeleceu um dia em que há de julgar o mundo com justiça por meio de um varão [Jesus] que destinou e acreditou diante de todos, ressuscitando-o dentre os mortos*[12].

O Deus que é santo e amoroso

A cada geração e em todas as culturas o Espírito de Deus continua a comunicar o amor divino ao falar as linguagens do amor de Deus. Deus é, ao mesmo tempo, santo e amoroso. Se o ser humano não responde ao seu amor, aceita seu perdão e a dádiva de um relacionamento eterno com ele, então deve enfrentar seu julgamento. Para toda a humanidade a encruzilhada na estrada consiste em escolher entre o amor de Deus ou a justiça de Deus. Podemos pagar por nossas transgressões ou aceitar a amorosa provisão do pagamento que Deus fez em nosso lugar numa rude cruz, nos arredores da cidade de Jerusalém, mediante seu próprio Filho. O amor e a justiça de Deus convergiram naquela cruz, trazendo vida e perdão a todo o que crê.

A cruz tornou-se o símbolo universal do amor de Deus, pois nela Deus falou as cinco linguagens do amor. Quando estava na cruz, Jesus disse: "Pai, perdoa-lhes, porque não sabem o que fazem". Que palavras poderiam falar mais profundamente de amor? Em sua morte, realizou a forma suprema de serviço. Ao oferecer-se como o sacrifício supremo reconciliou o homem pecador com o Deus santo[13]. A dádiva que ofereceu foi o perdão dos pecados e a vida eterna[14], que abriu caminho para o homem ter um relacionamento com Deus e dedicar um tempo exclusivo para o Criador, agora e para sempre. Na cruz, Deus tocou o homem em sua necessidade mais profunda e disse: "Eu te amo!" Foi então que Jesus cumpriu sua promessa: "Eu sou o bom pastor. O bom pastor dá a vida pelas ovelhas".

Uma mensagem que fala da graça e do amor incondicional

Como autor, estou ciente de que tudo o que escrevi neste livro sobre o amor de Deus é apenas uma nota na sinfonia do imensurável amor divino. O autor de um hino expressou bem essa verdade:

Se pudéssemos o oceano de nanquim encher,
E se o céu de papel fosse feito,
Se de cada haste uma pena pudéssemos fazer,
Se todo homem fosse escriba perfeito;
Escrever sobre o amor de Deus, tão elevado,
Faria o oceano de nanquim secar;
Nenhum papel sobre os céus de fora a fora estirado,
Poderia conter tudo o que há em seu prezar[15].

Deus expressou e continua a expressar seu amor em todas as linguagens. A mensagem é clara: "Amo você mesmo quando se afastou de mim. Desejo perdoá-lo. É por isso que paguei por suas transgressões. Quero ter um relacionamento de amor com você. Se estiver disposto a deixar os seus próprios caminhos e a aceitar meu perdão e meu amor, será meu filho para sempre. Vou amá-lo e dar-lhe a melhor vida possível, tanto agora quanto na eternidade. Abra seu coração para meu amor e para meu Espírito, e virei morar com você".

Esse é o desejo de Deus expresso ao longo das Escrituras.

Sei que a mensagem da graça divina (do favor imerecido) e seu amor incondicional parecem inacreditáveis. É próprio da natureza das pessoas o desejo de fazer algo para merecer o perdão de Deus e para fazer as pazes com ele. As religiões do mundo são monumentos vivos desse anseio. Os rituais e preceitos religiosos enfatizam a suposta capacidade humana de criar um caminho até Deus.

O ser humano jamais será capaz de remir seus pecados. Se isso fosse possível, Deus teria deixado Adão e Eva usando folhas de figueira. Em vez disso, ele sacrificou um animal e os vestiu com a sua pele. Por causa de seu amor incrível, Deus tornou-se homem e recebeu o castigo supremo por nossas transgressões para que pudéssemos ser perdoados e para que tivéssemos vida eterna com ele.

Nossa parte consiste simplesmente em levantar as mãos e receber seu amor. Não é de admirar que, ao descrever a natureza de Deus, o apóstolo João simplesmente disse: "Deus é amor"[16].

Nós o amamos porque ele nos amou primeiro!

Notas

Introdução:
O relacionamento de amor

1. *World Book Encyclopedia*, 1970, verbete "Deus".
2. Gênesis 1.27.

Capítulo dois
A primeira linguagem do amor de Deus: Palavras de elogio

1. Jeremias 31.3.
2. João 13.1.
3. 2 Timóteo 3.16,17; 2 Pedro 1.20,21.
4. Gênesis 1.26,27.
5. Hebreus 2.7; cf. Salmos 8.5.
6. Isaías 48.17,18.
7. Isaías 41.10; Jeremias 29.11; 31.3-13.

8. João 5.24; 6.35-40; 10.27-30; Apocalipse 22.12,13-17.
9. Lucas 23.24.
10. João 10.9,11.
11. WARNER, Charles Dudley (Ed.). *Library of World's Best Literature*. Nova York: J. A. Hill & Co., 1896, v. 23, pp. 9334, 9340.
12. Salmos 119.103-105, 111, 114, 162-165.
13. Salmos 40.16; 69.30,31; 119.97,98; 145.21; 146.1,2.
14. Salmos 119.89, 91-93.

Capítulo três

A segunda linguagem do amor de Deus: tempo exclusivo

1. Ver Gênesis 1–3.
2. Gênesis 18.17.
3. Salmos 145.17,18.
4. Isaías 43.1,2.
5. Salmos 116.1,2.
6. Tiago 4.8.
7. Ver João 14.23-26.
8. João 17.24; ver também 14.16-18.
9. Marcos 3.14.
10. MULLER, George. *Autobiography of George Muller, the Life of Trust*. Grand Rapids: Baker, 1981, p. 115.
11. Ibid., p. 89, 101, 108-9.
12. Ibid., p. 82.
13. Ibid., p.138-9.
14. Ibid., 206-7.
15. Ibid., p. 62.
16. Ibid., 206.

17. EDWARDS, Ver Jonathan. *The Life and Diary of David Brainerd*, Grand Rapids: Baker, 1989; BOUNDS, E. M., *Power Through Prayer*, Minneapolis: World Wide Publications, 1989; FINNEY, Charles G. *The Autobiography of Charles G. Finney*, Minneapolis: Bethany Fellowship, 1977; MILLER, Basil, *Praying Hyde: A Man of Prayer*, Grand Rapids: Zondervan, 1943.
18. MILES, C. Austin, "In the Garden", estrofes 1-2 e refrão. Domínio público.

Capítulo quatro

A terceira linguagem do amor de Deus: presentes

1. LETOURNEAU, R. G. *Mover of Men and Mountains*. Chicago: Moody, 1972, p. 143.
2. Ibid., p. 263.
3. Ibid., p. 79.
4. Ibid., p. 204.
5. Ibid., p. 205.
6. Adaptado de LETOURNEAU, *Mover of Men*, p. 105.
7. LETOURNEAU, *Mover of Men*, p. 278.
8. Ibid., p. 33.
9. Ibid., p. 274.
10. Ibid., p. 275.
11. Ibid., p. 280.
12. Gênesis 1.27, 29-31; ênfase acrescentada.
13. Apocalipse 22.12-14, 16,17.
14. Deuteronômio 7.13.
15. Deuteronômio 11.13-15.
16. 1 Reis 3.7, 9, 11-13.
17. João 3.17, 35,36.

18. João 16.16-20.
19. João 16.23,24.
20. Efésios 5.1,2.
21. Tiago 1.17; 1 João 3.1,2.
22. Efésios 4.11,12.
23. 1 Coríntios 12.7.
24. Mateus 25.34-40.
25. Salmos 19.1-3.
26. Mateus 7.7-11.
27. Tiago 4.3.

Capítulo cinco
A quarta linguagem do amor de Deus: gestos de serviço

1. GONZALEZ-BALADO, José Luis. *Mother Teresa: In My Own Words.* Ligouri, Mo.: Ligouri, 1996, p. ix.
2. Ibid., p. x.
3. Ibid., p. 24, 26, 30.
4. Ibid., p. 34.
5. Ibid., p. 33.
6. Ibid., p. 38, 80.
7. Ibid., p. 107.
8. Ibid., p. 108-9.
9. Romanos 15.6; ver também 2 Coríntios 1.3 e Efésios 1.3.
10. Salmos 115.4-7, 9, 12,13.
11. Lucas 4.18,19; citação de Isaías 61.1-2 feita por Jesus.
12. Lucas 4.21- 24.
13. João 17.1-5.
14. João 14.1-7.

15. João 14.8-11.
16. João 15.24,25.
17. Jesus ressuscitou o filho de uma viúva, a filha de um oficial e um homem mais velho e seu amigo que havia ficado quatro dias no sepulcro. Esses milagres estão registrados em Lucas 7.11-17; 8.41,42, 49-56; e João 11.1-44, respectivamente.
18. João 15.9.
19. João 15.12,13; Lucas 23.34.
20. Romanos 5.6-8.
21. João 17.24-26.

Capítulo seis

A quinta linguagem do amor de Deus: toque físico

1. Salmos 68.5; 27.10.
2. Gênesis 32.25, 30, 31.
3. Êxodo 34.29, 33.
4. Marcos 10.13.
5. Marcos 10.15,16.
6. João 9.11.
7. Mateus 8.2,3, 15.
8. Mateus 9.27, 29,30.
9. Mateus 17.2,3, 5-8; ver também Marcos 9.2-10 e Lucas 9.28-36.
10. João 13.1-4.
11. João 13.12-15, 17.
12. GONZALEZ-BALADO, José Luis. *Mother Teresa: In My Own Words*, Ligouri, Mo.: Ligouri, 1996, p. 35.
13. Atos 3.6-10.
14. Atos 3.12,13, 16.
15. Atos 3.18-21.

16. Atos 9.4-9.
17. Atos 9.17-19.
18. Atos 9.20-22.

Capítulo oito

Aprendendo a falar novos dialetos do amor

1. Ver, por exemplo, Romanos 1.21.
2. MORGAN, Robert J. *From This Verse*. Nashville: Nelson, 1998, p. 362.
3. Salmos 42.1,2.
4. Mateus 10.42.
5. João 20.30,31.
6. Atos 10.38
7. Soube da história de Lisa por meio de meu amigo Joe Stowell, presidente do Moody Bible Institute.
8. Lucas 7.38.

Capítulo nove

Quando o amor parece distante

1. Para mais informações sobre a relação entre linguagens do amor e disciplina, ver Ross Campbell e Gary Chapman, *As cinco linguagens do amor das crianças*, São Paulo: Mundo Cristão, 1999, pp. 126, 138-141.
2. Hebreus 12.5-7, 10,11.
3. LETOURNEAU, R. G. *Mover of Men and Mountains*. Chicago: Moody, 1972, p. 85.
4. Salmos 42.1,2.
5. 2 Coríntios 12.9,10.
6. 2 Timóteo 4.6,7.

7. João 10.11, 17,18.
8. João 11.25.

Capítulo dez

Quando o amor prevalece

1. Jeremias 29.11-13.
2. CASSIDY, Michael. "Loose in the South African Fire", C. S. Lewis Foundation Summer Institute (Oxbridge 98), 24 de julho de 1998; anotações pessoais do autor.
3. SODERSTROM, Heidi, "Prescription: Hope", *The Commission*, maio de 1999, pp. 34-37.
4. 1 João 4.20 (paráfrase do autor).
5. Mateus 5.43-47.
6. João 8.42-47.
7. Filipenses 2.4; Romanos 12.10.
8. Romanos 5.7,8.
9. Romanos 5.5.
10. João 19.30.
11. Mateus 27.51-54.
12. Apocalipse 13.8.
13. João 13.34,35.
14. WILKERSON, David com SHERRILL, John e Elizabeth. *The Cross and the Switchblade,* p. 72 *(A cruz e o punhal*, Belo Horizonte: Betânia, 1970).
15. Ver Salmos 68.6; Romanos 12.5; Efésios 3.15.
16. Efésios 3.14-21.

Epílogo:

Deus fala na linguagem que conhecemos

1. Mateus 11.28-30.
2. João 10.27,28.

3. Tiago 4.8.
4. Mateus 20.28; Atos 10.38.
5. 1 João 1.1; João 1.14.
6. João 14.23,24.
7. João 14.26.
8. João 20.31; ver também 21.25.
9. 1 João 4.19-21.
10. Mateus 22.36-40.
11. 1 João 4.7-10.
12. Atos 17.24-31.
13. Ver Colossenses 1.20-22.
14. Ver João 3.16-18; 1 João 1.9.
15. Lehman, Frederick M. "*The Love of God*". Domínio público.
16. 1 João 4.8, 16.

PARABÉNS!

Você acaba de ler mais um livro publicado por uma editora que faz diferença no mercado editorial.

Caso tenha algum comentário ou sugestão, escreva, citando o livro que leu, para:

EDITORA MUNDO CRISTÃO
Caixa Postal 21.257, CEP: 04602-970
São Paulo - SP

Este livro foi composto por Viviane Fernandes Costa,
em AGaramond, e impresso pela Imprensa da Fé,
em papel offset 75 g/m², com filmes
fornecidos pela Imprensa da Fé